시간 위를
맨발로 걷다

초판 발행	2025.04.03
지은이	정용주
디자인	OHK
펴낸곳	OHK
주소	서울특별시 종로구 새문안로 82 S타워 18층
전화	1800-9386
이메일	soaprecord@gmail.com
홈페이지	https://www.r2publik.com/

ISBN - 979-11-94050-29-2(03300)

이 책은 저작권법에 따라 보호받는 저작물이므로 무단전재와 무단복제를 금지하며,
이 책 내용의 전부 또는 일부를 이용하려면 반드시 저작권자와 OHK의
서면동의를 받아야 합니다.

시간 위를 맨발로 걷다

정용주 시집

정용주 시집

시간 위를 맨발로 걷다

ohk

머릿말

어느덧, 시간의 흐름 속에서 지나온 발자취를 돌아봅니다.
이 시집 『시간 위를 걷다』는 제 삶의 기억과 감정이 깃든 작은 조각들입니다.

유년의 바람이 스치던 첫눈 내리던 날,
어머니의 따뜻한 기도가 담긴 밤,
그리고 인생의 길 위에서 피고 지던 들꽃 같은 순간들.
그 모든 기억들이 시가 되어 제 마음속에서 조용히 울려 퍼졌습니다.

우리는 늘 시간 속을 걷습니다.
때로는 과거를 돌아보며 그리워하고,
때로는 현재를 살아내며 흔들리고,
때로는 미래를 꿈꾸며 나아갑니다.
그 길 위에서 마주한 모든 순간을 시로 남기며,
제 안의 이야기들을 조심스레 꺼내 놓았습니다.

이 시집이 당신의 마음속에도 작은 울림이 되기를 바랍니다.
바쁜 일상 속에서 잠시 멈춰 서서,
당신만의 시간 위를 걷는 순간이 되기를 기도하며.

차례

	머릿말	4
1장. **황금 들판을 지나**	첫눈 내리던 날	16
	어머니, 당신을 생각하며	17
	마음을 열고, 마음을 닫고	18
	고향의 들꽃	19
	강가에서 놀던 날	20
	친구야, 어디에 있느냐?	21
	뻐꾸기 울던 저녁	22
	별이 쏟아지는 이 밤	24
	장독대 위 달빛	25
	과거를 묻다	26
	개울가 물장구	27
	빨간 대 문집	28
	첫 소풍 가던 날	29
	봄비 내리던 오후	30
	아카시아 꽃 길	31
	어린 날의 꿈	32
	둥지 떠난 새처럼	33
	황금 들판을 지나	34
	모내기하던 날	35
	시골 장터 풍경	36
	된장국	37
	달빛 속 숨바꼭질	38
	별 헤는 밤	39
	여름날의 매미소리	40
	낙엽 밟는 소리	41
	고향 가는 길	42
	아버지의 그림자	43

2장.
청춘의 그늘 아래서

두근대던 지난날	46
푸른 꿈을 안고	47
나의 스무 살	48
별빛 아래서	49
길 위에서	50
사랑의 그림자	51
용서와 화해	52
어쩌면, 다시	53
흘러가는 강물처럼	54
창가	55
손 편지 한 장	56
봄날의 고백	57
세상아, 너를 만나던 날	58
청춘의 방황	59
잿빛하늘	60
다시 시작하는 용기	61
처음 입사하던 날	62
사회라는 바다	63
자취방	64
희망이란 이름	65
기다림의 시간	66

3장. 삶의 마중

아내가 떠나는 날	70
아들이 태어난 날	72
혈육	74
돌아보면 감사 뿐이다.	75
식탁 위의 행복	76
행복한 여행	77
나에 용기	78
딸을 보낸 마음	79
그리움	80
인연	82
부모가 된다는 것	83
마중	84
일요일 오후의 평화	85
배웅	86
집이라는 이름	87
미국인의 아들	88
불효	90
사랑의 은혜	91

4장. 작별의 노래

첫 출근 날	94
길을 묻다	95
땀과 눈물의 시간	96
벗들과 함께	97
삶이 가르쳐준 것들	98
실수와 배움	99
쉼 없이 달리다	100

다시 일어서며	101
가슴에 남은 이야기	102
인생은 흐른다	103
퇴직 후의 오후	104
세월의 지혜	105
꿈을 키우는 사람들	106
푸른 꿈을 간직하며 살아봅시다	107
감사합니다	108
어려운 하루	109
삶은 고행인가	110
여의도의 이별	112
재탄행, 잊혀지지 않는 다짐	114
나만의 행복	116
새벽	118
진실과 위선	121
IMF가 주는 교훈	122
용서는 언제 해야 할까	124
소유와 집착	125
넉넉한 삶	126
내 안의 물음	128
교육자	129
벗	131
과거의 자화상	132
나는 왜 사는가	134
달빛은 나와 함께	136
친구	138
나이 들어감에 욕심을 버려야 하는 이유	140
작별의 노래	143
담락제 (작은즐거움이 있는집)	144

5장.
별이 뜨는 시간

겨울 비	148
산길을 걷다	150
화려한 가을	151
바람의 길	152
가을에 속삭임	154
겨울 산사	157
꽃잎에 머문 햇살	158
노을 속으로	159
과거를 묻다	160
새벽이슬	162
구절초	163
달빛 아래서	164
눈 덮인 산길	165
대나무 숲에서	166
바람의 향기	167
별이 뜨는 시간	168
사계절의 만남	170

6장.
천년의 집

시간의 향기	174
지나간 자리	176
다시 찾은 나	180
고요 속에서	182
오늘을 산다	184
존재의 의미	186
소박한 기쁨	188
세월의 선물	190
길을 돌아보는 여유	191
인생의 무게	192
삶이 주는 교훈	196

추억이란 이름의 책	198
침묵 속의 대화	200
늦가을로 접어든 나	201
내 안의 봄	204
다시, 꿈을 꾼다	206
남은 길을 걸으며	208
나의 동무	210
웃으며 맞이하리	212
새로운 시작	213
함께 가는 길	214
나에게 보내는 편지	216
기억과 새벽	218
사월의 꽃 무덤	220
녹차 밭에서	221
마음 비워내기	222
이승에서 저승으로	223
삶의 끝자락	224
소유의 그림자	225
생각의 길	226
현봉방장스님	227
석양의 이별	228
새로운 세상을 향하는 제자들	229
보람과 가치	230
목련 꽃 당신	231
갈매기의 꿈	233
부추 꽃 사랑	234
빈 가슴	235
산다는 것	236
선택과 책임	238
시간은 나의 스승	239

시간의 여백	242
언행 (言行)	244
천년의 집	246
나에 영원한 은인	247
천천히 살아간다는 것	248
청춘	249
무안 하늘	250
잃어버린 뿌리를 찾아서	251
휴대폰이 없는 세상	253
후회로 물든 끝자락	254
혼돈 속의 외침, 다시 서는 나라	256
안 촌 댁	258
법정스님의 향기	259
네루의 길	260
산중기생	261
내 인생의 마지막 길	262

1장.
황금 들판을 지나

가을바람 불어오는 길,
눈앞에 펼쳐진 황금 들판.
햇살에 반짝이는 벼 이삭이
고개 숙이며 춤을 춘다.
어릴 적 뛰놀던 그 길을 따라
나는 천천히 걸어간다.

첫눈 내리던 날

아무도 없는 고요한 산사
이른 아침, 소복이 쌓이는 첫눈
지나온 세월 속에서
매년 맞이하는 이 순간이
다시금 내 마음을
덧없이 적셔 가네
첫눈처럼 덧없고
첫눈처럼 깊어가는 마음
그저 조용히 흩날려 메아리쳐온다.

시와 어울리는 음악을
감상하시려면?
아래 QR코드를 찍어보세요!

어머니, 당신을 생각하며

당신을 생각하면
가슴 깊은 곳에서
눈물처럼 따뜻한 바람이 일어납니다.

젊은 날의 수많은 새벽,
내 잠든 얼굴을 바라보며
고요히 기도하던 당신.

손마디 굳어진 세월 속에서도
한 번도 무겁다 하지 않았고,
눈물 머금은 날들 속에서도
한 번도 힘들다 말하지 않았습니다.

당신의 삶은
한줄기 강물처럼
조용히 흘러갔지만,
그 물결은 지금도
내 가슴 속에 출렁입니다.

이제야 깨닫습니다.
당신은 한 사람의 인생이 아니라
영원한 빛으로 남아,
내 삶을 끝없이 감싸고 있음을.

시와 어울리는 음악을
감상하시려면?
아래 QR코드를 찍어보세요!

마음을 열고, 마음을 닫고

마음을 연다는 건,
따스한 햇살을 맞이하듯
누군가를 향해 창을 여는 일
낯선 바람이 불어와도 두렵지 않게
서로의 이야기에 귀 기울이는 용기.
첫 눈처럼 조심스럽게
내밀던 손이 맞잡이는 순간,
진심이 진심을 만나
마음의 꽃이 피어나는 것.
하지만 마음을 닫는다는 건,
한때 열렸던 문을 조용히 닫고
고요한 방 안에 홀로 앉는 일,
자신을 지키기 위해 쉼을 찾는 것.
때로는 상처의 기억 속에서
다시금 조용히 숨을 고르고,
안전한 울타리 속에서
스스로를 돌보는 시간이 되는 것.
마음을 열고, 닫는 것은
필요한 순간에 맞춰 찾아오는.
나를 지키고, 또 나누는 법을 배우는
인생의 깊고 소중한 선택이다.

시와 어울리는 음악을
감상하시려면?
아래 QR코드를 찍어보세요!

고향의 들꽃

고향 길 논둑 따라
바람에 사랑이는 들꽃들,
누군가 심지도 않았건만
스스로 피어나 고개를 들고 있다.
흙 냄새 가득한 들판 한가운데
노란 개 망초, 보랏빛 제비꽃
수줍은 듯, 그러나 당당하게
햇살을 머금고 빛나고 있다.
도시의 화려한 꽃들과 달리
아무도 주목하지 않아도
그저 자연 속에서 피어나고
바람과 함께 노래를 부른다.
어릴 적 맨발로 뛰놀던 그 길,
두 손 가득 꺾어 들던 들꽃들,
세월이 흘러도 여전히 그 자리에서
고향의 향기를 속삭이고 있다.

시와 어울리는 음악을
감상하시려면?
아래 QR코드를 찍어보세요!

강가에서 놀던 날

한여름, 뙤약볕 아래
형님과 함께 찾은 용머리 강가.
영산강 물줄기 따라 흐르는
맑은 물, 반짝이는 모래밭.
돌멩이를 튕기며 물 수제비 뜨고
잠자리 따라다니며 손짓하던 우리,
젖은 바지 걷어 올리고
흐르는 물속에 발 담그던 그날.
도시락을 나눠 먹던 강둑,
형님이 먼저 한입 베어 물던 주먹밥,
나에게 건네던 장난기 어린 웃음,
그때는 몰랐다, 그 순간이
가장 따뜻한 기억이 될 줄을.
세월이 흘러도
그날의 강물은 내 마음에 흐르고
형님의 웃음은, 그 여름 햇살 속에서 반짝이고 있다.

시와 어울리는 음악을
감상하시려면?
아래 QR코드를 찍어보세요!

친구야, 어디에 있느냐?

세월 따라 흘러간 날들,
한때는 어깨를 나란히 하며
웃고 떠들던 그 시절,
이제는 바람처럼 멀어졌구나.
같이 걷던 골목길도,
함께 뛰놀던 강가도
여전히 그 자리에 있는데,
너희들은 어디로 갔느냐?
삶의 무게에 떠밀려
각자의 길을 걸어가지만,
때때로 밤하늘을 올려다보며
그 이름을 불러본다.
친구야, 어디에 있느냐?
내 마음 한편에 너희가 살아있다.
다시 만날 날을 꿈꾸며
그 시절을 가만히 되새겨본다.

시와 어울리는 음악을
감상하시려면?
아래 QR코드를 찍어보세요!

뻐꾸기 울던 저녁

해 질 녘, 붉게 물든 하늘 아래
고요한 들판을 스치는 바람.
저 멀리 숲 가장자리에서
뻐꾸기 울음이 퍼져 나간다.
처음엔 한 마리,
이윽고 저 쪽에서도 메아리 치며
고요한 저녁을 깨우는 소리.
낯익고도 그리운 그 울음.
어릴 적, 마루에 앉아
어머니 무릎 베고 듣던 그 소리,
여름이 오면 변함없이 찾아와
세월을 노래하는 뻐꾸기.
오늘도 나는 그 소리를 들으며
지난날을 떠올려 본다.
뻐꾸기 울던 저녁,
마음 깊이 스며드는 그리움처럼.
별이 쏟아지던 밤
깊어가는 밤하늘 아래
수놓아진 별빛이 반짝인다.
나는 조용히 고개를 들고
저 하늘을 바라본다.

저기에도 또 다른 세상이 있을까?

먼저 떠난 부모님, 형님, 아내는

지금 저 별빛 속에서

나를 내려다보고 있을까?

오늘 나는 그리움 속에 머물고

여기서의 하루를 살아냈지만,

어떤 이야기를 나누고 있을까?

바람이 불어와

별빛이 가만히 흔들릴 때, 나는 문득 느낀다.

그들이 저 멀리 있지 않음을.

시와 어울리는 음악을
감상하시려면?
아래 QR코드를 찍어보세요!

별이 쏟아지는 이 밤

그리운 얼굴들이
내 마음속에서 반짝이고 있다.
바람결에 실린 노래
어디선가 들려오는 낯익은 멜로디,
누군가 흥얼거리다 흩어진 노래,
바람의 길
내 마음을 살며시 두드린다.
들판을 스치는 저녁 바람 속에
지난날의 추억이 노래가 되어
멀리 떠난 친구의 웃음처럼
귓가를 스치고 지나간다.
한때는 함께 부르던 그 노래,
시간이 흐르며 희미해졌지만
바람은 잊지 않고 전해주네,
그 시절의 따스한 멜로디를.
오늘도 나는 가만히 귀 기울인다.
바람결에 실려 오는
그리움 같은 노래를 따라
마음 깊은 곳을 노래해 본다.

시와 어울리는 음악을
감상하시려면?
아래 QR코드를 찍어보세요!

장독대 위 달빛

고요한 밤, 마당 한가운데
장독대 위로 달빛이 내린다.
둥근 항아리마다 스며든 은빛,
고요히 숨 쉬는 옛집의 시간.
어머니 손끝에서 익어가던 장,
간장과 된장의 깊은 향기 속에
세월을 품은 장독들이
달빛 아래 조용히 빛난다.
별빛도 달빛도 말없이 스며들고
밤바람 따라 스치는 그리움,
어릴 적 마당을 뛰놀던 내가
그 빛 속에 남아 있을까?
장독대 위 달빛을 바라보며
옛집의 향기를 되새긴다.
달이 뜨고, 달이 지듯
우리의 기억도 그렇게 익어간다.

시와 어울리는 음악을
감상하시려면?
아래 QR코드를 찍어보세요!

과거를 묻다

학교 담벼락 양지 바른 곳, 몸이 허약한 나는
겨울바람 피해 기대었지.
차가운 공기 속에
작은 몸은 웅크려졌고
시간은 느리게 흘렀다.
수업을 알리는 종소리가 울릴 때,
갑자기 밀려온 두려움과 떨림. 차가운 바람 속,
내 몸은 나를 배신했고, 서러움으로 다가왔다.
건강한 성수 친구는 나의 바지에 오줌을 쌌다.
갑자기 따뜻한 것이 스며들며
나는 그대로 얼어붙었다.
그 순간, 나는 아이들의 웃음보다
내 자신이 더 부끄러웠다.
젖은 바지를 감춘 채
고개 숙여 종소리를 들었다.
누군가는 나를 조롱했지만, 아무 말없이, 교실로 향했다.

시와 어울리는 음악을
감상하시려면?
아래 QR코드를 찍어보세요!

개울가 물장구

햇살이 반짝이던 여름날,
맑은 개울가에 모여
우리는 두 발을 담갔다.
손바닥으로 물을 휘저으며 철썩, 철썩 물장구를 치면
햇빛도 웃으며 출렁거렸다.
첨벙첨벙 뛰어다니며
물방울이 얼굴에 튀어도
웃음은 멈추지 않았지.
작은 물고기들이 놀라 달아나고
물결은 끝없이 퍼져 나갔지만,
우리의 여름은 그 자리에서
영원히 머물러 있었다.
지금도 가끔 눈을 감으면
그날의 물소리가 들린다.
맑고 투명한 추억처럼
마음 한구석에 넘실거린다.

시와 어울리는 음악을
감상하시려면?
아래 QR코드를 찍어보세요!

빨간 대문집

통 샘 골.
내 어린 날이 머물던 곳.
골목 끝, 햇살에 반짝이던
빨간 대문집이 있었다.
그 집에는 또래의 여고생이 살았지.
하얀 교복 깃을 곱게 여미고
머리카락을 빗어 넘기던 모습,
나는 조용히 창가에서 바라보곤 했다.
아침이면 대문이 열리고
하교 시간, 다시 닫히던 그곳.
한 번쯤 말을 걸어볼까 하다 가도
나는 그저 멀리서 지켜 보기만 했다.
세월이 흘러 골목도 변했지만
빨간 대문집은 기억 속에 남아
그때의 설렘과 수줍음을
고요히 간직한다.

시와 어울리는 음악을
감상하시려면?
아래 QR코드를 찍어보세요!

첫 소풍 가던 날

햇살 고운 봄날 아침, 가슴은 두근두근,
나는 태어나 처음으로, 소풍을 떠났다.
어머니는 노란 도시락에
정성껏 반찬을 담아 주셨다.
고소한 멸치볶음, 노릇노릇한 계란말이,
따뜻한 손길이 묻어 있던 밥.
가방 한쪽에는 삼각 단물,
그리고 반짝이는 초록빛 사이다.
그 것만으로도 세상 부러울 것 없던, 행복한 날이었다.
친구들과 손잡고 들판을 뛰어다니고
도란도란 웃으며 도시락을 펼칠 때,
그 속엔 어머니의 사랑이 가득 담겨 있었다.
첫 소풍의 그 설렘은 세월이 지나도 사라지지 않고
마음 한편에서
봄날처럼 빛나고 있다.

시와 어울리는 음악을
감상하시려면?
아래 QR코드를 찍어보세요!

봄비 내리던 오후

창가에 조용히 스미는 빗소리,
봄비가 살며시 대지를 적신다.
회색 구름 사이로 흐르는 시간,
느릿한 오후가 빗방울 속에 녹아 든다.
마당 가득 번지는 흙 내음,
촉촉이 젖은 초록 잎새들.
빗물에 씻긴 꽃잎 하나
고요히 떨어져 땅에 안긴다.
어디선가 들려오는 새소리,
빗줄기 사이를 헤치며
새로운 계절을 속삭이듯
봄비와 함께 노래한다.
이 비가 그치고 나면
햇살은 더욱 따스 해지고
세상은 한층 더 푸르러지겠지.
봄비 내리던 오후, 그 조용한 위로 속에 나는 잠긴다.

시와 어울리는 음악을
감상하시려면?
아래 QR코드를 찍어보세요!

아카시아 꽃 길

햇살이 부서지는 오월의 길,
바람 따라 흩날리는 흰 꽃잎,
아카시아 향기 가득한 길을
나는 천천히 걸어간다.
어린 시절 뛰놀던 그 길,
손을 뻗으면 닿을 듯한 꽃송이,
손끝에 닿으면 달콤한 향이
마음 깊이 스며들었다.
꽃잎이 바람에 날리면
그 길마저 하얗게 물들고,
한 걸음, 또 한 걸음,
기억 속 시간도 함께 흐른다.
지금도 가끔 꿈속에서
그 길을 걷는 내가 있다.
아카시아 향기 따라 걸으면
그 시절로 다시 돌아갈 것만 같다.

시와 어울리는 음악을
감상하시려면?
아래 QR코드를 찍어보세요!

어린 날의 꿈

나는 꿈꾸었다.
반듯한 목소리로 세상을 전하는 아나운서가 되기를.
라디오 너머로 들려오는 또렷한 음성처럼,
내 목소리도 누군가의 마음에 닿기를 바랐다.
그러나 삶은 내게 다른 길을 내밀었다.
허약한 몸, 버거운 현실,
빠르게 달릴 수 없는 세상 속에서
나는 천천히 걸어야 했다.
아나운서는 되지 못했지만,
느리게 걸어 교수의 길에 닿았다.
빠르게 말하는 대신,
깊이 생각하며 배우고 가르쳤다.
이루지 못한 꿈은
사라지는 것이 아니라
다른 모습으로 피어난다는 걸
나는 이제야 알 것 같다.

시와 어울리는 음악을
감상하시려면?
아래 QR코드를 찍어보세요!

둥지 떠난 새처럼

한때는 익숙한 둥지 속에서
고향의 바람을 맞으며 자랐건만,
어느 날 나는 날개를 펴고
낯선 세상을 향해 떠나야 했다.
강원도 양구,
거친 바람 속에서 군화를 신었고, 새벽 하늘을 바라보며
젊음을 단련했다.
고향을 떠나 처음 맞이한 겨울,
눈 쌓인 산맥처럼
내 마음도 깊이 쌓였다.
그리고 다시 서울,
수많은 불빛이 흐르는 거리,
낯선 얼굴들 속에서
나는 또 다른 둥지를 찾아 헤맸다.
빽빽한 빌딩 사이,
빠르게 흐르는 사람들 속에서
나는 더 단 단해져야 했다.
이제는 산사에서 내 삶을 함께한다.

시와 어울리는 음악을
감상하시려면?
아래 QR코드를 찍어보세요!

황금 들판을 지나

가을바람 불어오는 길,
눈앞에 펼쳐진 황금 들판.
햇살에 반짝이는 벼 이삭이
고개 숙이며 춤을 춘다.
어릴 적 뛰놀던 그 길을 따라
나는 천천히 걸어간다.
아버지의 손길, 어머니의 땀이
한 줄기 바람 속에 스며 있다.
메마른 손으로 벼를 어루만지면
한 해의 기다림과 노력이
알알이 맺혀 손끝에 전해진다.
이삭마다 스며든 그리움처럼.
저 멀리 논두렁을 따라
기억도 함께 흔들린다.
나는 황금 들판을 지나며
지난날의 나를 만나고 있다.

시와 어울리는 음악을
감상하시려면?
아래 QR코드를 찍어보세요!

모내기하던 날

이른 새벽, 안개 자욱한 들판,
찬물에 손을 담그며
우리는 또 한 해의 시작을 심었다.
아버지는 줄을 맞춰 모를 꽂고
어머니는 허리를 굽혀
한 포기, 한 포기
정성으로 논을 채웠다.
형님과 나는 흙탕물 속을 헤치며
비뚤어진 모를 다시 바로 세우고
물속에 비친 하늘을 바라보며, 땀을 훔쳤다.
땡볕 아래 논은 초록빛으로 물들고, 우리의 손끝에는
가을의 풍요가 담겨 있었다.
그렇게 심었던 작은 모가 가을이, 오면 황금이 되듯
땀방울이 나를 키워냈다.

시와 어울리는 음악을
감상하시려면?
아래 QR코드를 찍어보세요!

시골 장터 풍경

새벽 공기 속에서 하나둘,
장수들이 좌판을 펼친다.
삶이 담긴 손길 따라
장터가 깨어난다.
소탈한 웃음 속에
갓 따온 채소가 넘쳐나고
장독대에서 퍼온 된장 냄새가
골목마다 퍼진다.
저쪽에선 할머니가
손수 짠 수수를 내어놓고,
한 켠에서는 삶은 옥수수 향이
구수하게 번진다.
흥정하는 목소리 주고받는 따뜻한 인사 속에
장터는 하루를 살아간다.
돈보다 정이 오가는 곳,
여기는 우리네 시골 장터다.

시와 어울리는 음악을
감상하시려면?
아래 QR코드를 찍어보세요!

된장국

보릿고개가 찾아오면
허기진 배를 움켜쥔 이웃들이
어머니를 찾아왔다.
어머니는 말없이 된장과 쌀을 내어 주셨다.
큰 솥 가득 끓여낸 된장국,
구수한 냄새가 마당을 감돌고
그 국 한 그릇에 배고픔도, 시름도 녹아 내렸다.
머슴들에게도 마찬가지였다.
새벽부터 흙을 일구던 손에 따뜻한 된장국 한 그릇 건네며
어머니는 늘 말했다.
같이 먹어야 진짜 맛있제.
그 국에는 단순한 맛이 아니라
정성이, 사랑이, 나눔이 있었다.
어머니의 된장국을 떠올릴 때면
그 따뜻한 마음이
지금도 내 가슴을 데운다.

시와 어울리는 음악을
감상하시려면?
아래 QR코드를 찍어보세요!

달빛 속 숨바꼭질

가을 들녘, 추수가 끝난 밤,
벼 냄새 가득한 마당 한쪽에 높이 쌓인 벼 짚 더미,
우리는 그 속에서 숨었다.
달빛이 조용히 내려앉고
밤바람이 벼 짚을 스칠 때,
서로의 숨소리마저 삼키며, 몰래 숨어들었다.
하나, 둘, 셋 찾아간다!
달빛 아래 그림자 흔들리고
들켜 도망치던 발자국 소리,
웃음소리는 밤하늘로 퍼져갔다.
벼 짚 더미는 우리의 성벽이었고
어둠 속에서 우리는 세상을 전부 가진 듯
한밤의 놀이에 빠져들었다.
그때 그 숨바꼭질,
달빛도 우리와 함께 놀던 밤, 지금도 눈을 감으면
그 밤의 향기 속으로 돌아간다.

시와 어울리는 음악을
감상하시려면?
아래 QR코드를 찍어보세요!

별 헤는 밤

고요한 밤하늘 아래
수많은 별들이 반짝인다.
어느 별은 어릴 적 나를 닮고
어느 별은 떠나간 이들을 품고 있다.
나는 가만히 고개를 들고
그 빛을 하나하나 헤아려 본다.
저 별 속에는 내가 걸어온 길,
머물렀던 순간들이 스며 있다.
어릴 적 꿈도, 그리운 얼굴도, 지나간 세월도
별빛 속에 녹아 흐른다.
오늘도 나는 별을 헤며
지난날을 떠올린다.
그리고 조용히 속삭인다.
그 곳에서도 잘 지내고 있느냐고?

시와 어울리는 음악을
감상하시려면?
아래 QR코드를 찍어보세요!

여름날의 매미소리

한낮의 태양이 이글거릴 때,
나무 위 매달린 매미들이
쉼 없이 울어댄다.
짧은 여름을 다 태우겠다는 듯
온 힘을 다해 소리친다.
어릴 적,
나는 그 소리를 따라 숲으로 달려가, 나뭇가지 사이를 헤집으며
매미를 잡으려 손을 뻗었다.
그러나 손끝이 닿기도 전에 훌쩍 날아가 버리곤 했다.
이제는 알 것 같다.
뜨거운 여름날, 잠시 피어나고 스러지는
우리의 삶도 매미 울음과 같다는 걸.
매미 소리가 들릴 때마다
나는 가만히 귀 기울이며, 간절한 것인지,
뜨거운 것인지.
그 소리에 마음을 맡긴다.

시와 어울리는 음악을
감상하시려면?
아래 QR코드를 찍어보세요!

낙엽 밟는 소리

가을바람에 흩날린 낙엽들,
길가에 수북이 쌓여
나를 기다린다.
한 걸음, 두 걸음,
사박사박, 바스락바스락—
발끝에 닿는 소리가, 가을을 노래한다.
한때는 푸르렀던 잎들이
이제는 땅 위에 내려앉아
마지막 인사를 건넨다.
낙엽을 밟을 때마다. 어린 날의 추억도 함께 스러지고
세월의 소리도 바람에 실려 간다.
오늘도 나는
그 바스락거림 속을 걷는다.
가을이 보내는 편지를
천천히 읽어가며.

시와 어울리는 음악을
감상하시려면?
아래 QR코드를 찍어보세요!

고향 가는 길

길은 언제나 그 자리에 있다.
굽이굽이 산을 넘고
들판을 지나?
나를 고향으로 데려간다.
바람에 흔들리는 황금 들녘,
마을 어귀에 퍼지는 연기,
낯익은 풍경이 하 나둘
마음 깊이 스며든다.
어릴 적 뛰놀던 개울가,
정겨운 장터의 북적임,
그리고 나를 기다리는
어머니의 따뜻한 미소.
세월이 흘러도 변하지 않는
그리움의 길,
나는 오늘도
그 길 위에서 고향을 꿈꾼다.

시와 어울리는 음악을
감상하시려면?
아래 QR코드를 찍어보세요!

아버지의 그림자

독자로 태어나 홀로 서신 분
허약한 몸에도 꿋꿋하게
반듯한 길을 걸으셨네
자식들에게는 단단한 기둥이었고
세상에는 따뜻한 등불이었네
엄격한 눈빛 속에 깃든 사랑
베풂을 가르치고 정직을 심으며
바르게 살아가길 바라셨던 아버지
그림자처럼 길게 남아
오늘도 내 걸음을 비추네

시와 어울리는 음악을
감상하시려면?
아래 QR코드를 찍어보세요!

2장.
청춘의 그늘 아래서

청춘은
방황 속에서 자라고, 길을 잃으며 길을 찾는 법.
흔들려도 괜찮아, 넘어져도 괜찮아,
그 방황조차도, 언젠가는 빛나는 시간이 될 테니까.

두근대던 지난날

가슴 속에 숨겨둔 말,
차마 입술 끝에 담지 못하고
그저 멀리서 바라보던 날들.
지나갈 때마다, 심장이 뛰고 있었다.
어설프게 뛰고, 떨리던 순간들.
나는 아무 말도 못 했다.
눈길 한 번 마주치면
온 세상이 환해지는 듯했지만, 그저 스쳐 지나가는 바람처럼
그 사랑은 말없이 흘러갔다.
이제는 추억이 된 말하지도, 표현하지도 못했던,
이성친구
말하지 못했던 마음마저
시간 속에 묻혀버렸지만,
그 두근대던 순간만은
여전히 내 안에 남아 있다.
푸른 꿈을 안고
고교 시절까지는
부모님과 형님의 따뜻한 손길 속에,
그러나 그 이후 나는
홀로 세상을 향해 걸어야 했다.

시와 어울리는 음악을
감상하시려면?
아래 QR코드를 찍어보세요!

푸른 꿈을 안고

밤을 지새우고,
낯선 도시에서 직장인이 되어
삶을 배우고 세상을 익혔다.
그 길 위에서
심장병 돕기 센터에서 손을 내밀었고,
해외 입양인들과 함께
그들의 뿌리를 찾아 걸었다.
국회에서, 강단에서
행정과 가르침으로 길을 닦으며,
더 나은 세상을 위해
오늘도 고민하고 나아간다.
혼자가 아니라는 것을,
나의 걸음이 누군가에게
희망이 될 수 있다는 것을,
나는 걸어오며 배웠다.
그리고 여전히
푸른 꿈을 안고
다음 길을 향해 나아간다.

시와 어울리는 음악을
감상하시려면?
아래 QR코드를 찍어보세요!

나의 스무 살

스무 살,
처음으로 세상 앞에 섰던 날.
설렘과 두려움이 뒤섞인 채, 나는 나를 찾아 떠났다.
낯선 거리, 새로운 꿈, 책 속에서 길을 찾고
사람 속에서 삶을 배웠다.
때론 넘어지고 때론 흔들렸지만, 다시 일어나 걸었다.
어릴 적 품었던 이상은
현실 앞에서 조용히 모양을 바꾸고,
나는 점점 어른이 되어갔다.
그러나 그 모든 순간 속에서
스무 살의 나는
누구보다 뜨겁게, 누구보다 치열하게
자신을 향해 나아가고 있었다.
그리고 오늘, 그때의 나를 돌아본다.
어설펐지만 빛났던 시간들, 그 모든 날이 있었기에
지금의 내가 있다.

시와 어울리는 음악을
감상하시려면?
아래 QR코드를 찍어보세요!

별빛 아래서

고요한 밤,
하늘 가득 수 놓인 별들,
나는 그 아래 조용히 서서 지난날을 떠올린다.
저 별빛은 먼 옛날에도 이렇게 반짝였을까?
그때의 나도, 누군가를 그리며
이 밤을 바라보았을까?
별 하나,
그 속에 담긴 기억들,
별 둘,
그리운 얼굴들,
별 셋,
멀리 떠난 꿈들, 별빛 아래서 나는 묻는다.
지나온 길이 옳았는지, 오늘의 나는 괜찮은 지.
그리고 별들은 말없이 그저 빛으로 답한다.
괜찮다고,
너는 잘 가고 있다고.

시와 어울리는 음악을
감상하시려면?
아래 QR코드를 찍어보세요!

길 위에서

나는 지난 시간위에서 길을 걷는다.
빠르게, 때론 느리게,
서서 뒤를 돌아보기도 하고, 바라보며 다시 걸음을 뗀다.
이 길 위에서
수많은 사람을 만나고,
손을 맞잡기도, 헤어지기도 했다.
어떤 날은 햇살이 비쳤고,
어떤 날은 비바람이 몰아쳤다.
넘어진 날도 있었지만, 그럴 때마다 다시 일어나
조용히 먼지를 털어냈다.

시와 어울리는 음악을
감상하시려면?
아래 QR코드를 찍어보세요!

사랑의 그림자

삶은 속도가 아니라, 끝까지 걷는 것임을. 어디로 가든,
어떤 길을 선택하든, 나의 걸음으로,
나만의 길을 만든다는 것을.
오늘도 나는
길 위에서 또 한 걸음, 나아간다.
사랑의 그림자
햇살이 스며든 거리,
그대와 나란히 걸었던 날들. 손을 잡으면 하나가 되었고,
마주 보면 세상이 빛났다.
그러나 해가 기울고, 어둠이 내릴 때쯤
우리의 사랑은
길 위에 그림자로 남았다.
가까이 있어도 닿을 수 없고, 잡으려 하면 멀어지는
사랑의 그림자.
한때는 빛과 함께 있었지만, 이제는 어둠 속에서만
조용히 머물러 있다.
바람이 불면 흔들리고, 밤이 깊으면 사라지는
그리움 같은 그림자.
그럼에도 불구하고, 나는 가끔
 그 그림자를 밟으며, 그대를 기억한다.

시와 어울리는 음악을
감상하시려면?
아래 QR코드를 찍어보세요!

용서와 화해

날카로운 말이 스치고
상처가 마음에 남았을 때, 우리는 등을 돌리고
조용히 멀어졌다.
시간이 흐르면 잊힐 줄 알았지만
상처는 깊이 남아, 아무 말없이도
마음을 무겁게 했다.
그러나 어느 날,
마주한 눈빛 속에서 서로의 아픔을 보았고,
침묵 속에서도, 진심을 느꼈다.
한 걸음 다가서며
먼저 손을 내밀 때, 오랜 상처도
서서히 아물어 갔다.
용서는 약함이 아니라, 더 강해지는 것이고,
화해는 잊음이 아니라
함께 걸어가는 것이었다.
그렇게 우리는
조용히 서로를 안아주며
다시, 새로운 길을 걸었다.

시와 어울리는 음악을 감상하시려면?
아래 QR코드를 찍어보세요!

어쩌면, 다시

어쩌면, 다시
그날처럼 마주할 수 있을까?
한때는 중매로 함께 걸었고,
이제는 다른 세상에 있지만.
먼저 떠난 그대,
나는 여전히 이곳에서
그대의 기억을 안고 살아간다.
때로는 미안함으로,
때로는 그리움으로.
혹시, 그대가 나를 용서한다면,
먼 훗날 하늘 아래서, 다시 만나 웃을 수 있을까?
어쩌면, 다시
그날처럼 손을 잡고, 아무 일도 없었던 듯
같이 걸을 수 있을까?
그날을 기다리며,
나는 오늘도
그대를 향한 길 위에서, 조용히 걸어간다

시와 어울리는 음악을
감상하시려면?
아래 QR코드를 찍어보세요!

흘러가는 강물처럼

강물은 말없이 흐른다.
어디서 와서 어디로 가는지
묻지도 않고, 되돌아보지도 않고
그저 길을 따라 흘러간다.
때론 바위에 부딪히고,
때론 거센 물살에 흔들리지만
결국 강물은 멈추지 않는다.
햇살이 비치면 반짝이고,
비바람이 몰아쳐도 조용히 견디며
흐르는 길을 만든다.
우리의 삶도 그러하리.
기쁨도, 슬픔도,
만남도, 이별도, 모두 강물처럼 지나가지만,
흘러가는 그 길 위에서
우리의 이야기는 남아 있다.
나는 오늘도
흘러가는 강물처럼, 조용히, 묵묵히,
나의 길을 따라 흘러간다.

시와 어울리는 음악을
감상하시려면?
아래 QR코드를 찍어보세요!

창가

창밖으로 스치는 풍경처럼, 우리의 시간도 흘러가고 있었다.
서울을 떠나 부산으로, 새마을호 창가에 앉아
우리는 말없이 달리고 있었다.
함께한 날들은 기적 소리처럼 멀어지고,
가슴에 품었던 친구와의 마지막 순간이 다가오고 있었다.
우리는 알았다.
이 길이 만남이 아닌 이별임을.
다시 돌아올 수 없는 길 위에서
아무 말없이 서로를 바라보았다.
기차는 속도를 늦추고, 부산역에 다다랐다.
나는 천천히 자리에서 일어나
너를 향한 마지막 인사를 남겼다.
기차가 떠나고, 플랫폼에 홀로 남아
나는 가만히 손끝을 쥐었다.
잡지 못했던 순간이
마음속에서 출렁이고 있었다.

시와 어울리는 음악을
감상하시려면?
아래 QR코드를 찍어보세요!

손 편지 한 장

젊은 날,
나는 누구에게라도
손 편지 한 장 써보고 싶었다.
진심을 담아 한 글자, 한 글자 적어 내려가고,
서툰 문장 속에서도, 내 마음을 전하고 싶었다.
그러나 삶은 바쁘게 흘러갔고, 하루하루를 버텨내느라
나는 그런 여유조차 가질 수 없었다.
쓰지 못한 편지들, 보내지 못한 마음들,
시간 속에 묻혀버린
그 모든 말들이 지금도 가끔 떠오른다.
이제야 깨닫는다.
말로 하지 못한 마음도, 적지 못한 손편지도
어딘가 남아 있다는 것을.
그때 쓰지 못한 편지,
이제는 내 기억 속에서
조용히 펼쳐진다.

시와 어울리는 음악을
감상하시려면?
아래 QR코드를 찍어보세요!

봄날의 고백

아무도 찾지 않는 외로운 산사,
고요한 바람이
나뭇가지 사이를 스쳐간다.
봄은 어느새 찾아와
처마 끝에 매달리고,
산새들은 조용히 속삭인다.
홀로 선 마당 한가운데, 나는 나지막이 고백한다.
지난날의 아픔도,
이루지 못한 꿈도,
모두 이 바람에 실어 보내리라.
산사에 스며든 봄빛처럼
내 마음도 조금씩 피어나고,
고요한 풍경 속에서
나는 다시 나를 만난다.
봄날의 고백은
누군가를 향한 것이 아니라,
내 안의 나에게
건네는 작은 위로였다.

시와 어울리는 음악을
감상하시려면?
아래 QR코드를 찍어보세요!

세상아, 너를 만나던 날

어느 날, 나는
낯선 길 위에 서 있었다.
두렵기도 하고, 설레기도 한 채
너를 향해 걸음을 내디뎠다.
세상아, 너를 만나던 날,
햇살은 눈 부셨고,
바람은 거칠었으며,
길은 끝없이 펼쳐져 있었다.
기쁨도, 아픔도,
만남도, 이별도,
모두 너의 품 안에서
나는 배워갔다.
넘어지고, 부딪히고,
때로는 눈물을 삼키며, 다시 일어서는 법을 배웠다.
세상아,
너는 쉽지 않았지만,
너를 만난 그날부터
나는 진짜 나로 살아가고 있다.

시와 어울리는 음악을
감상하시려면?
아래 QR코드를 찍어보세요!

청춘의 방황

어디로 가야 할까?
어느 길이 맞는 걸까?
수많은 갈림길 앞에서
나는 서성였다.
꿈을 쫓아 달려가도
끝은 보이지 않고,
넘어질 때마다
길을 잃은 듯했다.
때론 멈춰 서서
하늘을 올려다보며
자신에게 묻기도 했다.
"나는 어디쯤 와 있는 걸까?"
하지만 청춘은
방황 속에서 자라고, 길을 잃으며 길을 찾는 법.
흔들려도 괜찮아, 넘어져도 괜찮아,
그 방황조차도, 언젠가는 빛나는 시간이 될 테니까.

시와 어울리는 음악을
감상하시려면?
아래 QR코드를 찍어보세요!

잿빛하늘

거리는 젖고, 빗방울은 춤춘다.
회색 빛 하늘 아래
나는 조용히 우산을 펼쳤다.
우산 끝에 떨어지는 빗물처럼
마음속에도 무언가 흐르고 있었다.
그리움일까, 외로움일까?
아니면 지나간 기억일까?
한때는 함께 나누던 우산, 어깨를 맞대고 걷던 그 길,
그러나 이제는
나 혼자 우산을 들고 걸어간다.
빗소리는 변함이 없지만, 풍경은 달라져 있었다.
빗속의 우산 아래, 나는 조용히 걸음을 옮긴다.
어느새 빗물이 그치고
바람이 살며시 스친다.
젖은 마음도
천천히 마르고 있었다.

시와 어울리는 음악을
감상하시려면?
아래 QR코드를 찍어보세요!

다시 시작하는 용기

IMF의 거센 바람 속에서 나는 회사를 내려놓았다.

손에 남은 건 아무것도 없었고,

가족을 품은 채

16평 전세방에 머물렀다.

아내의 깊은 한숨,

아들의 눈빛, 딸의 눈빛을 보며,

나는 밤마다, 소리 없는 눈물을 삼켰다.

그러나 세상은 절망 속에서도 기회를 숨겨두고 있었다.

쓰러진 자리에서 다시 일어나려면, 필요한 건 오직 한 가지,

포기가 아닌 용기였다.

나는 다시 걸었다.

작은 일도 마다하지 않고, 새로운 길을 찾아, 넘어진 자리에서 다시 일어섰다.

세월이 흘러, 아이들은 자라고, 우리는 다시 빛을 찾았다.

그때 배운 한 가지, 세상은 용기 있는 자에게

다시 시작할 기회를 준다.

시와 어울리는 음악을
감상하시려면?
아래 QR코드를 찍어보세요!

처음 입사하던 날

낯선 문을 열고 들어서던 순간, 사무실엔 낮은 타이핑 소리,
전화벨이 울리고, 낯선 얼굴들이 바삐 움직였다.
내 자리, 내 책상,
그러나 모든 것이 어색했다.
손끝에 닿는 서류도, 조심스레 눌러본 키보드도
나에게는 처음이었다.
어떤 말부터 꺼내야 할지,
어디에 서야 할지 몰라
머뭇거리던 그날, 나는 작은 인사를 건넸다.
서툴러도, 어색해도
하나씩 배워 가리라.
이 사무실이 익숙해질 때쯤이면,
오늘의 긴장도 추억이 되어 있겠지.
처음 입사하던 날,
그 떨림과 설렘을
나는 여전히 기억한다.

시와 어울리는 음악을
감상하시려면?
아래 QR코드를 찍어보세요!

사회라는 바다

나는 작은 배 한 척을 타고, 넓은 사회라는 바다로 나아갔다.
바람은 거세고, 파도는 거칠었지만,
멈출 수 없었다.
처음에는 방향도 몰랐다.
이정표 없는 수평선 위에서, 어디로 가야 할지
망설이기도 했다.
때로는 거친 풍랑에 휩쓸리고,
때로는 고요한 물결 속에서, 스스로를 돌아보았다.
그러나 배를 놓지 않는 한
어느 순간 길이 보였다.
파도는 나를 시험했지만, 결국 앞으로 나아가게 했다.
이제 나는 안다.
사회라는 바다는 두려운 곳이 아니라,
배워가는 곳이라는 것을.
그리고 오늘도
나는 또 한 번, 이 바다를 향해 나아간다.

시와 어울리는 음악을
감상하시려면?
아래 QR코드를 찍어보세요!

자취방

처음 시작한 자취,
낯선 도시의 작은 방.
작은 공간이지만
어딘가 허전하고, 어딘가 설렜다.
낡은 책상, 작은 창문,
가스 불 위에서 끓던 라면 냄새,
도시의 불빛이 스며들던 밤, 나는 낯선 곳에서 적응해갔다.
밥을 지으며
집에서 먹던 어머니의 반찬을 떠올리고,
늦은 밤, 불 꺼진 방 안에서 고향의 바람을 그리워했다.
그러나 그 방에서
스스로를 키워갔다.
독립이란 이름의 낯선 시작,
때로는 외롭고,
때로는 자유로웠던 시간들.
그렇게 나는, 자취방에서 어른이 되었다.

시와 어울리는 음악을
감상하시려면?
아래 QR코드를 찍어보세요!

희망이란 이름

세상을 살아간다는 것,
그저 흘러가는 것이 아니라
목적을 품고, 목표를 세우며
한 걸음씩 나아가는 것.
어둠이 내려앉을 때도
희망은 조용히 싹튼다.
눈에 보이지 않아도, 손에 잡히지 않아도
어딘 가에서 자라고 있다.
새로운 희망은 자리에서 일어설 때,
어두운 길목 앞에서도
길을 찾을 때,
작은 불빛처럼, 길을 밝혀주는 별처럼
희망은 우리 곁에 머물며
내일을 향해 걸어가게 한다.
오늘도 나는, 그 희망을 따라
다시 한 걸음 내딛는다.

시와 어울리는 음악을
감상하시려면?
아래 QR코드를 찍어보세요!

기다림의 시간

시간은 천천히 흐른다.
마치 창가에 떨어지는 빗방울처럼, 아무 말없이, 조용히,
그러나 멈추지 않고 흘러간다.
기다림 속에서 나는 수없이 질문을 던진다.
언제, 어떻게,
그 순간은 다가올까?
바람이 불고, 계절이 바뀌어도
마음 한구석에 남은
그 기다림은 사라지지 않는다.
혹시라도,
그 순간이 오지 않는다면, 기다림마저 의미가 없어진다면
나는 무엇을 붙잡아야 할까?
그러나, 기다림은 때로
희망이 되고, 조용한 기도로 남는다.
오늘도 나는, 그 시간을 지나는 중이다.
언젠가 다가올 순간을 위해, 조용히, 묵묵히.

시와 어울리는 음악을
감상하시려면?
아래 QR코드를 찍어보세요!

3장.
삶의 마중

긴 하루를 마치고
지친 걸음으로 집으로 향하던 길,
환한 불빛 아래
작은 그림자가 보였다.
작은 손을 흔들며
눈을 반짝이던 너,
"아빠, 엄마 치킨 같이 먹자!"
해맑은 목소리에
피곤함도 사라졌다.

아내가 떠나는 날

당신과 나
우리는 같은 길을 걸었지만,
당신은 저 멀리 아련한 산봉우리를,
나는 발 아래 흐르는 시냇물을 바라보며 서로 다른 세계를 살았습니다.
바람이 당신의 어깨를 스칠 때마다 나는 당신의 부재를 느꼈고,
당신이 나의 손을 잡을 때마다 우리 사이의 거리를 절실히 깨달았습니다.
이제야 비로소,
당신의 눈동자 속에서 내가 그리던 바다가 일렁이는 것을 보며,
서로 다른 바람을 맞으며 걸어온 시간들이 얼마나 소중했는지,
그리고 당신에게 충분히 다가서지 못한 것에 대한 미안함이 밀려옵니다.
마지막 날
창밖에서 바람이 스쳐가는
소리만큼이나 쓸쓸하게 당신의 숨결이 멀어져 갔습니다.
잠들지 못하는 밤,
당신의 아픔을 함께 나누지 못한 채로
그저 당신의 곁에서 시간을 지켜보았습니다.
이제 와서야,
당신을 더 많이 웃게 해주지 못한 것,
당신의 손을 더 자주 잡아주지 못한 것에 대해
깊은 후회가 이 마음을 무겁게 합니다. 당신이 떠나가는 이 순간,
나의 가슴 속에는 미안함과 슬픔이 겹쳐져 오롯이 남아

후회가 눈물이 되어 흘러내립니다.

시와 어울리는 음악을
감상하시려면?
아래 QR코드를 찍어보세요!

아들이 태어난 날

어둑한 새벽, 긴 기다림 끝에
조용히 문이 열리고
한 조각의 별빛 같은 네가
세상에 닿았다.
작은 손, 오므린 주먹,
눈부신 울음 한 조각이
가슴 깊숙이 스며들어
기쁨이 눈물이 되어 흐른다.
첫 울음이 터질 때,
그 소리는 내 심장을 울리고
처음 네 눈을 마주한 순간,
나는 비로소 아빠(엄마)가 되었다.
그날,
세상은 더 따뜻해졌고
시간은 너를 중심으로
새롭게 흐르기 시작했다.
아버지가 되어
한 생명이 내 품에 안긴 날,
나는 달라졌다.
세상의 중심이 바뀌고
시간은 네 눈동자 속에서 흐르기 시작했다.

작은 손가락이 내 손을 움켜쥘 때,
약속했다.
걷는 길에 바람이 불면
벽이 되겠다고.
밤하늘의 별을 가리키며, 꿈을 이야기해 줄 것이고,
비틀거릴 때는
조용히 손 내밀어 함께 걸을 것이다.
아버지가 된다는 건,
기쁨과 두려움이 함께하는 길.
그러나 너를 품에 안은 순간
나는 기꺼이 그 길을 걷는다.

시와 어울리는 음악을
감상하시려면?
아래 QR코드를 찍어보세요!

혈육

같은 집, 같은 하늘 아래
때로는 친구처럼, 때로는 라이벌처럼
웃고, 울고, 다투며 자란 우리.
어린 시절, 작은 장난 하나에도
울고 웃던 기억들이 쌓여
추억이 되고, 정이 되었다.
먼 길을 돌아 다시 만나도
낯설지 않은 따뜻한 눈빛,
말없이 건네는 한마디,
"잘 지내지?"
피보다 진한 마음,
시간이 흘러도 변치 않는 이름.
형제간,
언제든 돌아갈 수 있는 또 하나의 집이다.

시와 어울리는 음악을
감상하시려면?
아래 QR코드를 찍어보세요!

돌아보면 감사 뿐이다.

바람처럼 흘러간 시간들,
되돌아보면 아쉬움도 있지만
결국 남는 것은 감사 뿐이다.
넘어질 때 손 내밀어 준 사람들,
어두운 길에 빛이 되어 준 인연들,
그 덕에 여기까지 걸어올 수 있었다.
때로는 눈물이, 때로는 웃음이
나를 단단하게 만들었고
험한 길도 함께 걸어준 이들 덕에
외롭지 않았다.
지금 이 자리에서 다시 돌아보면
고된 순간조차도 선물이었음을,
삶은 결국 감사로 채워지는 길임을 안다.

시와 어울리는 음악을
감상하시려면?
아래 QR코드를 찍어보세요!

식탁 위의 행복

따뜻한 밥 한 공기,
정성스레 담긴 반찬 몇 가지.
소박하지만 가득한 온기가
식탁 위에 펼쳐진다.
서로의 하루를 나누며
웃음꽃이 피어나는 자리,
한 숟가락의 정이 오가며
마음까지 배부른 시간.
맛있는 음식보다 더 큰 행복은
함께하는 사람들의 온기,
식탁 위에서 나누는 사랑이
세상에서 가장 든든한 양식이 된다.

시와 어울리는 음악을
감상하시려면?
아래 QR코드를 찍어보세요!

행복한 여행

처음 함께한 여행,
낯선 땅, 인도네시아에서
형제의 추억을 새겼다.
자카르타의 바람 속에서,
발리의 노을 아래에서,
우리는 술을 나누고,
밥을 함께하고,
한 지붕 아래서 잠들었다.
웃음도, 이야기들도, 바다처럼 넘실거렸고,
그 순간들 속에서, 우리는 다시 어린 시절로 돌아갔다.
이 소중한 기억을 가슴에 담아,
초청해 준 인형,
함께해 준 경숙, 종원, 예림이에게
깊은 감사의 마음을 전한다.
형제의 여행, 그 순간들은
영원히 빛나는 추억이 되리라.

시와 어울리는 음악을
감상하시려면?
아래 QR코드를 찍어보세요!

나에 용기

너희가 있어 나는 단단해지고,
너희가 있어 나는 웃는다.
힘든 날에도, 기쁜 날에도
항상 곁에서 함께해 준 소중한 사람들.
손을 잡으면 따뜻하고,
눈을 마주치면 위로가 되는 존재,
세상 어떤 것보다 소중한 이름, 가족.
고맙다는 말로는 부족하지만
이 마음이 전해지길 바라며,
오늘도, 내일도,
끝없는 사랑을 너희에게 보낸다.

시와 어울리는 음악을
감상하시려면?
아래 QR코드를 찍어보세요!

딸을 보낸 마음

딸을 보내야 하는 그 순간

마음 한구석에는 끊이지 않는 아픔이 남아

마치 낙엽처럼 떨어지는 그 순간

하늘은 슬픔을 감싸 안고 있었다

두 눈에 담긴 마지막 모습

어떻게 잊을 수 있을까?

가슴 깊이 미련과 아픔

한없이 흘러가는 시간 속에서 얼마나 자랑스러운 딸이었는지

그 아픔을 감당할 만큼 사랑스러웠던 딸

이젠 새로운 집과 새로운 인연을 찾아가는

그 길에 행복

딸의 행복을 위해 내리는 이 시간

그 마음은 끝없이 흐르는 사랑의 근원이다.

어머니 먼저 하늘로 보내고, 가슴 아파 울던

우리 딸!

하늘이 맑고 고요한 이 순간에, 딸의 미래를 위한 기도를 한다

시와 어울리는 음악을
감상하시려면?
아래 QR코드를 찍어보세요!

그리움

아들아!
딸아!
나의 삶을 보며
이해되지 않는 부분이 많겠지.
나의 걸음걸이, 나의 선택들,
그 속에 담긴 이야기를 너는 알지 못할 거야.
아침 일찍 떠나?
늦은 밤에 돌아오는 나날들,
피곤에 지친 눈빛 속에도
너희를 위한 마음이 있 단다.
때로는 엄격한 말투로,
때로는 묵묵히 바라보며,
나는 너희들을 지켜봤지.
나의 방식으로,
나의 사랑을 전하려 했단다.
세상의 무게를 견디며
가족을 지키기 위해
나의 길을 걸어왔어.
그 길이 때로는 험난하고
때로는 외로웠단다.
너희들에게 주고 싶은 것은

언제나 더 나은 미래,

더 나은 기회였어.

그래서 더 열심히 일했고,

더 많이 참아냈지.

너희들이 이해하지 못해도,

괜찮아,

아들!

딸아!

내 사랑은 말로 다 전할 수 없고,

내 삶의 무게는 너희들에게 주고 싶지 않단 다.

시간이 흘러, 네가 삶의 길을 걸으며,

내 마음을 조금이라도 알게 된다면,

그것 만으로 충분하 단다.

아버지의 삶은

너희들의 행복을 위한 바탕이었어.

너희들의 웃음이 나의 기쁨, 너희들의 성장이 나의 보람.

아들아!

딸아!

나는 언제나

너희를 사랑하고, 응원할 거야.

내 삶의 이야기 속엔 언제나 너희들이 있 단다.

시와 어울리는 음악을
감상하시려면?
아래 QR코드를 찍어보세요!

삶의 마중

인연

새로운 인연의 시작
사위와 며느리를 맞이하는 그 순간,
우리 집에 새로운 빛이 비추었다.
이미 익숙한 공간이지만,
새로운 사람이 왔다.
너희는 우리의 가족에
새로운 감정을 품게 했다.
너희의 웃음소리는 우리 집에
또 하나의 행복을 더할 것이다.
사위가 되어줘서 고마워,
며느리가 되어줘서 고마워,
우리의 가정을 더욱 풍성하게 만들어줘서.

시와 어울리는 음악을
감상하시려면?
아래 QR코드를 찍어보세요!

부모가 된다는 것

부모가 된다는 것은
기쁨과 걱정을 함께 안고 가는 길.
작은 손을 처음 잡은 순간,
세상의 무게가 달라지는 순간.
밤새 아이의 숨소리에 귀 기울이고,
작은 웃음에도 세상을 다 가진 듯 행복해지는 것.
울음을 달래던 손길이 어느새
등을 토닥이며 응원하는 손길로 바뀌는 것.
기다림을 배우고,
포기하지 않는 법을 배우며,
때로는 아이를 가르치지만
더 많이 배우게 되는 것.
언제까지나 품고만 싶지만
결국은 떠나 보내야 하는 사랑.
부모가 된다는 것은,
누군가의 평생의 그늘이 되어주는 일이다.

시와 어울리는 음악을
감상하시려면?
아래 QR코드를 찍어보세요!

마중

긴 하루를 마치고
지친 걸음으로 집으로 향하던 길,
환한 불빛 아래
작은 그림자가 보였다.
작은 손을 흔들며
눈을 반짝이던 너,
"아빠, 엄마 치킨 같이 먹자!"
해맑은 목소리에
피곤함도 사라졌다.
손을 잡고 집으로 돌아가는 길,
바삭한 치킨보다
네 손의 온기가 더 따뜻했다.
어느새 훌쩍 커버린 너지만,
그날의 기다림,
그날의 미소는
내 가슴속에 영원히 남아 있다.

시와 어울리는 음악을
감상하시려면?
아래 QR코드를 찍어보세요!

일요일 오후의 평화

창밖으로 스며든 햇살,
부드러운 바람이 커튼을 흔들고
느릿느릿 흐르는 시간 속에
고요한 평화가 내려앉는다.
따뜻한 소파에서 일주일의 피곤함을 충전해주는
아이들의 웃음소리,
한가로운 고양이의 하품.
바쁜 일상 속
잠시 머물러 쉬어 가는 순간,
별다를 것 없는 이 시간이
가장 소중한 선물임을 깨닫는다.
일요일 오후,
이 평온함이 오래오래 머물기를.

시와 어울리는 음악을
감상하시려면?
아래 QR코드를 찍어보세요!

배웅

공항의 긴 복도 끝,
손을 흔드는 너희를 바라보며
수없이 삼킨 말들.
"잘 지내라."
"너무 무리하지 마라."
"언제든 돌아와도 된다."
설렘 반, 걱정 반의 눈빛으로 비행기에 오르는 너희를 보며,
나는 마음으로 수많은 기도를 했다.
멀리 떠나지만, 결코 혼자가 아님을 잊지 말라고.
어린아이처럼 손을 잡고 걷던
그 날들이 머릿속을 스치고,
이제 스스로의 길을 걸어가는 너희를 보며,
자랑스러움과 그리움이 함께 밀려온다.
떠나는 너희보다, 남아 있는 이곳이 더 허전하겠지만,
너희가 가는 길 위에 언제나 사랑과 축복이 함께하기를.
그리고,
언제든 돌아오면
그 자리에서 변함없이 기다리고 있을 게.

시와 어울리는 음악을
감상하시려면?
아래 QR코드를 찍어보세요!

집이라는 이름

집이란 단순한 벽과 지붕이 아닌,
마음이 머물고 추억이 쌓이는 곳.
따뜻한 밥 냄새가 반겨주고,
지친 하루 끝에 가장 먼저 떠오르는 이름.
아이들의 웃음소리가 울려 퍼지고,
소소한 대화가 하루를 채우며
때로는 다투고, 때로는 울지만
결국 서로를 감싸 안는 곳.
멀리 떠나 있어도,
문을 열고 들어서는 순간
"다녀왔습니다"라는 말과 함께
다시 나를 품어주는 곳.
그래서 집이란,
단순한 공간이 아니라, 사랑이 머무는 영원한 안식처다.

시와 어울리는 음악을
감상하시려면?
아래 QR코드를 찍어보세요!

미국인의 아들

멀리서 네 소식을 들을 때마다
가슴 한 편이 뭉클해진다.
너는 꿈을 좇아 저 먼 나라로 떠났고,
나는 이곳에 남아 너를 그리워한다.
내 삶의 무게와 선택들이
너에겐 낯설고 이해되지 않을 테지.
이곳의 고단한 날들과
지친 어깨의 짐을
너는 알지 못할 거야.
아침 해가 뜨기도 전에
일터로 향하는 나의 발걸음,
늦은 밤 별이 빛날 때까지
손에 묻은 땀과 먼지들,
그 속엔 너를 향한 사랑이 담겨 있 단다.
너를 위해 더 나은 세상을
만들고 싶어 힘든 길을 걸었지.
말로 다 할 수 없는 희생과
보이지 않는 눈물이 있었단다.
네가 떠난 뒤,
집안은 조용해졌지만,
네가 남긴 추억은

나의 마음을 따뜻하게 해 준다.
너의 웃음소리, 너의 작은 손,
그 모든 것이 나의 삶을 지탱해 주었지.
네가 머나먼 땅에서
고군분투하는 모습을 생각하면
가슴이 아프고 또 자랑스럽다.
너의 모든 걸 이해하진 못해도,
너의 선택을 존중한다.
언제나 네가
행복하고 건강하기를 바란다.
내 삶의 이야기 속엔
언제나 너의 이름이 새겨져 있다.
네가 이해하지 못해도 괜찮아,
내 사랑은 그 모든 것을 넘어서니까.
언젠가 네가 이곳으로 돌아와
내 눈을 마주 보며
우리의 삶을 이야기할 때, 그때 가서야 비로소
서로를 더 잘 이해하게 되겠지.
그때까지,
멀리 있어도 너를 응원하고 사랑한다.
나의 마음은 언제나 너와 함께 있 단다.

시와 어울리는 음악을
감상하시려면?
아래 QR코드를 찍어보세요!

불효

어머니, 당신의 목소리가
아직도 귀에 생생해요.
저를 부르던 그 따뜻한 음성,
그때는 왜 그렇게 무심했을까요?
당신의 걱정과 충고를
귀담아듣지 않았던 제가
지금은 후회로 가득 차 있네요.
어머니, 당신의 사랑을
이제라도 깨달은 제가
얼마나 죄스러운지요.
어머니, 그리운 어머니,
당신의 품에서 자랐건만,
저는 불효의 길을 걸었네요.
따뜻한 손길과 사랑을
받고도 외면했어요.
지금은 늦었지만, 당신의 얼굴을 떠올리며
후회의 눈물을 흘립니다.
어머니의 사랑이 얼마나, 큰 것이었는지 이제야 알겠네요.
저의 어리석음을 용서해주세요,
당신의 사랑에 보답하지 못한
이 죄 많은 자식을.

시와 어울리는 음악을
감상하시려면?
아래 QR코드를 찍어보세요!

사랑의 은혜

어머니와 같은 사랑하는 누님!
어머니와 같은 사랑하는 누님을 생각하며 가슴 깊이 느낀다.
당신은 우리의 지켜줄 존재, 따뜻한 미소로 우리를 반기는
마음 속의 사랑
당신의 따스한 손길은
항상 우리를 위로하고,
당신의 지혜로운 말 한마디는
우리에게 큰 힘이 되었다.
이제 우리는 당신을 위해
더욱 노력하고,
당신이 가르쳐준 사랑과 관용을 계속해서 실천할 것이다.
어머니와 같은 사랑하는 누님,
당신의 존재는 우리에게 끝없는 사랑을 준다.
당신과 함께한 그 시간은, 영원히 기억될 것이며,
당신을 위한 이 길을 걸어갈 때
우리는 당신의 사랑을 느낄 것이다.

시와 어울리는 음악을
감상하시려면?
아래 QR코드를 찍어보세요!

4장.
작별의 노래

말없이 건네는 손끝의 떨림,

마지막 순간에도 바람은 불고,

파도는 따스 히 스며드네.

작별이란, 방전감이 아니니

부품화 된 시간이여, 기억 속에 남으라.

한 군데씩 남아있는 이야기,

그 안에 남겨진 추억의 조각들.

첫 출근 날

설렘과 긴장이 뒤섞인 아침,
평소보다 단정하게 매무새를 고쳐 잡고
낯선 문을 밀어 들어선다.
익숙하지 않은 풍경,
조심스레 건네는 인사,
어색한 자리에서 시작되는
또 다른 나의 하루.
배우고, 적응하고,
때론 실수하며 성장하는 길.
오늘의 떨림이
내일의 단단함이 될 것을 믿으며.
첫걸음을 내딛는 오늘,
조금은 어색하지만
그만큼 특별한 날.

시와 어울리는 음악을
감상하시려면?
아래 QR코드를 찍어보세요!

길을 묻다

낯선 길 위에 서서
어디로 가야 할지 헤 매일 때,
누군가 조용히 다가와
길을 알려주곤 했다.
때로는 표지판이 되어 주고,
때로는 등불이 되어 주는 사람들.
그들의 한마디가
발걸음을 다시 내딛게 한다.
삶도 그렇다.
어디로 가야 할지 모를 때,
우리는 서로에게 길을 묻고
서로의 길이 되어 간다.
어디로 가야 할지 몰라 두려울 때,
기억하자.
길은 묻는 자에게 열리고,
함께 걷는 자에게 더 넓어진다는 것을.

시와 어울리는 음악을
감상하시려면?
아래 QR코드를 찍어보세요!

땀과 눈물의 시간

수없이 흘린 땀방울,
그 안에 스며든 수많은 노력들.
지쳐서 멈추고 싶던 순간마다
눈물로 다독이며 다시 일어섰다.
포기하고 싶었던 날들도 있었지만
꿈을 향한 한 걸음이
결국 여기까지 이끌어 주었다.
땀은 나를 단단하게 만들었고,
눈물은 나를 더 깊어지게 했다.
그렇게 쌓여온 시간들이
오늘의 나를 만들었다.
그래서 나는 안다.
이 길 위의 모든 땀과 눈물이
결국 나를 빛나게 할 것임을.

시와 어울리는 음악을
감상하시려면?
아래 QR코드를 찍어보세요!

벗들과 함께

바쁜 삶 속에서도
한 자리에 모이면
마치 어제 만난 듯 반가운 얼굴들.
한잔 술잔에 피어나는 웃음,
묵은 이야기 속에 스며든 정.
때로는 말없이,
서로의 눈빛만으로도 위로가 되는 사이.
함께 걸어온 시간만큼
더 단 단해진 우정,
멀어져도 잊히지 않는 이름.
벗들과 함께 라면
어떤 길도 외롭지 않다.

시와 어울리는 음악을
감상하시려면?
아래 QR코드를 찍어보세요!

삶이 가르쳐준 것들

삶은 때때로 거칠었고,
때로는 따뜻했다.
넘어질 때마다 일어서는 법을 배웠고,
이별 속에서 사랑의 깊이를 알았다.
기다림 끝에는 꽃이 피고,
어둠이 짙을수록
새벽이 가까워진다는 것도.
쉽지 않은 길일지라도
한 걸음씩 나아가다 보면
결국 도착할 곳이 있다는 것.
그리고 무엇보다,
가장 소중한 것은
눈에 보이는 것이 아니라
마음속에 남아 있다는 것을.

시와 어울리는 음악을
감상하시려면?
아래 QR코드를 찍어보세요!

실수와 배움

완벽 하려 애썼지만,
삶은 실수 속에서 더 많은 것을 가르쳤다.
넘어져야 일어서는 법을 배우고,
잃어봐야 소중함을 깨닫는다.
실수는 부끄러움이 아니라
더 나아가기 위한 작은 걸음.
잘못된 길도 돌아오면 경험이 되고,
흘린 땀과 눈물이 결국 나를 성장시킨다.
배움이란,
실수를 두려워하지 않는 것.
멈추지 않고 다시 시도하는 것.
그렇게 우리는 실수 속에서
조금씩 더 단 단해져 간다.

시와 어울리는 음악을
감상하시려면?
아래 QR코드를 찍어보세요!

쉼 없이 달리다

뒤돌아볼 틈도 없이
앞만 보고 달려왔다.
넘어져도, 지쳐도
멈출 수 없다는 듯.
꿈을 향해,
책임을 지고,
무언가를 이루기 위해
그렇게 달리고 또 달렸다.
그러다 문득,
멈춰 서서 숨을 고르면
스쳐 지나온 풍경들이 보이고
지금의 내가 선명 해진다.
쉼 없이 달리는 것도 좋지만,
때로는 걸음을 늦추고
잠시 쉬어 가는 것도
또 다른 용기임을 배운다.

시와 어울리는 음악을
감상하시려면?
아래 QR코드를 찍어보세요!

다시 일어서며

넘어졌다고 끝이 아니었다.
좌절의 순간에도
내 안에는 다시 일어설 힘이 있었다.
흙을 털고, 눈물을 닦고,
한 걸음씩 다시 내딛을 때,
비로소 나는 더 단 단해졌다.
실패는 끝이 아니라 배움 이었고,
상처는 아픔이 아니라 성장의 흔적이었다.

시와 어울리는 음악을
감상하시려면?
아래 QR코드를 찍어보세요!

가슴에 남은 이야기

수많은 날들이 스쳐 갔지만
모든 기억이 남아 있는 건 아니다.
그러나 어떤 순간들은
시간이 지나도 마음속에 선명하다.
따뜻했던 손길,
마지막 인사,
함께 웃고 울었던 그날의 대화들.
언제든 떠올리면
다시 살아나는 이야기들.
세월이 흐를수록
더 깊어지는 기억,
그것들은 내 삶의 일부가 되어
가슴속에 조용히 자리한다.

시와 어울리는 음악을
감상하시려면?
아래 QR코드를 찍어보세요!

인생은 흐른다

그것이 결국
나를 만든 이야기들이다.
인생은 흐른다
강물처럼 흘러가는 시간,
잡으려 해도 손끝을 스쳐 지나간다.
기쁨도, 슬픔도,
모두 머물지 않고 흘러간다.
봄이 가면 여름이 오고,
가을이 지나 겨울이 오듯
변하지 않을 것 같은 순간들도
조용히 흐르고 사라진다.
그러니?
지나간 아픔에 머물지 말고
다가올 날들을 두려워하지 말자.
인생은 흐르는 것이고,
우리는 그 안에서 흘러가며 살아가는 것.

시와 어울리는 음악을
감상하시려면?
아래 QR코드를 찍어보세요!

퇴직 후의 오후

분주했던 아침이 지나고
더 이상 바쁜 전화벨이 울리지 않는 시간,
창가에 앉아 문득
조용한 바람을 느껴본다.
늘 쫓기듯 살았던 날들,
멈추면 안 될 것 같았던 시간들.
그러나 이제는
천천히 걸어도 괜찮은 오후.
따뜻한 차 한 잔,
넓은 정원 창가
책 한 권을 펼쳐 들고
햇살 따라 흐르는 나른한 시간 속에서
비로소 나를 마주한다.
퇴직 후의 오후는
끝이 아니라 또 다른 시작.
이제는 나를 위해, 조금 더 여유롭게 살아갈 시간이다.

시와 어울리는 음악을
감상하시려면?
아래 QR코드를 찍어보세요!

세월의 지혜

시간이 흐르며 깨 달았다.
급할수록 천천히 가야 한다는 것,
말보다 침묵이 더 깊은 의미를 가질 때가 있다는 것.
젊은 날엔 몰랐던 것들이
세월 속에서 조금씩 보이기 시작하고,
잃어버린 것들 속에서
진짜 소중한 것을 배우게 된다.
기다림 속에 기회가 있고,
상처 속에 성장이 있으며,
떠나 보내는것들 속에도
언제나 배움이 남는다.
세월이 가르쳐 준 지혜란,
모든 것은 결국 제자리를 찾고
흐르는 강물처럼
삶도 그저 흘러가게 된다는 것.
꿈을 키우는 사람들
어둠 속에서도 빛을 찾고,
작은 가능성 속에서도
포기하지 않는 사람들.
넘어져도 다시 일어나고,
실패해도 끝까지 도전하며
한 걸음씩 나아가는 사람들.
그들에게는
새로운 미래가 있다.
땀방울 속에서
길이 열리고,
열정 속에서 자란다.

시와 어울리는 음악을
감상하시려면?
아래 QR코드를 찍어보세요!

꿈을 키우는 사람들

그들이 있기에
세상은 조금 더 밝아지고,
희망은 끝없이 이어진다.
일하는 기쁨
시간이 흘러도
손끝에 남아 있는 익숙한 감각,
몸은 느려졌지만
마음은 여전히 뜨겁다.
일이란, 단순한 노동이 아니라
삶의 의미를 찾는 과정.
배운 것을 나누고,
경험을 전하며,
아직도 세상과 연결되어 있음을 느낀다.
쉼도 좋지만,
무언가를 해낼 수 있다는 기쁨,
누군가에게 필요한 사람이 된다는 행복.
노인이 되어도,
일하는 순간만큼은
여전히 젊은 나를 만난다.
가장 아름다운 삶은 노력하는 그 마음 자체이다

시와 어울리는 음악을
감상하시려면?
아래 QR코드를 찍어보세요!

푸른 꿈을 간직하며 살아봅시다

꿈을 품은 사람의 환상은 아름다운 것이요,
그 속에서 인간은 희열을 느끼며,
삶의 가치를 풍부하게 만들어갑니다.
때로는 꿈이 현실에 녹아들기를 바라며,
세상에서 인간의 꿈이 커갈수록 그의 삶은 넓어집니다.
살아가다 보면 무리한 꿈을 품기도 하지만,
그런 꿈이라도 꿈 그 자체여야 합니다.
인간의 욕심은 끝이 없지만,
우리는 소박하고 조금 모자란 듯한 꿈을 품어야 합니다.
푸른 꿈을 간직함으로써,
우리의 영혼은 맑은 하늘이 되어
그 꿈을 아름다운 빛으로 수놓을 수 있습니다.
결코 절망에 빠지지 말고,
넘치기보다는 부족함을 느껴보세요.
우리 모두 용기를 가져봅시다.

시와 어울리는 음악을
감상하시려면?
아래 QR코드를 찍어보세요!

감사합니다

하느님과 부처님, 감사드립니다
내 인생 속 그대들과의 인연에 감사드립니다
살아온 동안 가장 행복한 순간은
당신과 함께한 시간이었습니다
인간으로서 최대의 기쁨을 처음으로 느꼈던 건
당신들과 함께했을 때였습니다
물론, 고통의 깊은 곳에서, 자신이 부족하다고 느끼는 모습을 보여드린 것은
당신과 함께하지 못해 미안하고 부끄러웠습니다
하지만, 당신들과의 인연은 마치 진주 한 알이 태어나는 듯,
그 고통을 통해 성장한 인간으로 새롭게 태어날 수 있었습니다.
그 인연으로 인해 마음에 아픈 이가 있다면
용서하고 기도하는 마음으로 살아가야 할 것입니다
다만, 당신들이 보이지 않을 때도
항상 그 생각을 가지고 살아가야 한다는 것을 않을 것입니다.
이 세상의 어딘 가에서 당신들이 여전히 살아있다는 사실에 위로를 받으며,
착하게 살아가기로 다짐합니다

시와 어울리는 음악을
감상하시려면?
아래 QR코드를 찍어보세요!

어려운 하루

마음이 힘들어져서 몸이 약해지고 있습니다
삶이 부끄럽고 어디서든 죄책감만 느껴집니다
그저 자신이 싫어 지기만 하는 것 같습니다
어디론 가 떠나고 싶습니다
바다가 보이는 어딘가로
마음의 답답함을 떠나 보내고 싶습니다
너무나도 힘들어요
숨을 쉬는 것조차 귀찮고 힘듭니다
또 다시 통증으로 온 몸이 아파서...
고통의 끝에서
모든 이들이 평안하기를 기도합니다.

시와 어울리는 음악을
감상하시려면?
아래 QR코드를 찍어보세요!

삶은 고행인가?

끝없는 시련과 인내의 연속,
넘어지고, 일어서고,
상처받고, 다시 나아가는 길.
고통이 스며든 시간 속에서
우리는 묻는다.
이것이 진정 살아가는 것인가?
그러나,
햇살 속에 피어나는 작은 미소,
기쁨에 번지는 따뜻한 눈빛,
소소한 행복이 스며드는 순간들.
삶은 고행만이 아니다.
고통 속에서도 빛을 찾고,
험한 길에서도 의미를 발견하는 것.
참다운 삶이란, 흐르는 강물처럼
아픔과 기쁨을 함께 안고
그저 묵묵히 나아가는 것이리라.

시와 어울리는 음악을
감상하시려면?
아래 QR코드를 찍어보세요!

여의도의 이별

창밖 서울의 불빛 아래,
수많은 기억들이 흐른다.
첫 발 내딛던 그 설렘과 떨림,
새로운 시작의 불꽃이 타올랐네.

낯선 법의 언어 속에서
동료들과 함께 맞이한 도전,
밤을 지새우며 쌓은 성취의 기록,
한 줄 한 줄, 가슴에 새겨진 희망.

서로의 눈빛에 피어난 우정,
힘들 때 의지가 되어준 따스함,
그 소중한 인연들이
내 발걸음을 더욱 굳건하게 하였네.

나라를 향한 무거운 책임감,
경제, 사회, 환경의 고민 속에
깊이 자리한 애정과 꿈,
한 나라의 미래를 노래하였네.

이제 떠나는 이 자리에서
감사의 마음을 담아 인사하며,
국회사무처에서 피어난 기억들이
내 삶의 한 페이지로 영원히 빛나리라.

새로운 도전을 향해 나아가며
나라를 위한 마음은 여전하리니,
작은 발걸음이 모여 큰 길이 되고,
그 꿈, 언제나 이어지리라.

시와 어울리는 음악을
감상하시려면?
아래 QR코드를 찍어보세요!

재탄행, 잊혀지지 않는 다짐

선천성 심장병의 그림자 아래,
내 심장은 16번,

죽음의 문턱에서 다시 피어났다.

세브란스 병실의 고요한 밤,
차가운 침대 위에 멈춘 시간 속에,
간호사의 따스한 한마디가
새로운 숨결을 불어넣었다.

서울대, 연세대, 전남대, 조선대의 품 안에서
또 다른 위기의 그림자는 멀어지고, 각 병원이 전한 치유의 약속에
나의 두려움은 잠시 머물다 사라졌다.

병마의 어둠 속, 빛 한 줄기처럼 번뜩이는
16번의 심폐소생술은
내 존재를 다시 세상으로 이끌었고,
그 순간마다 생명의 소중함을 뼈저리게 깨닫게 했다.

서울의 불빛 아래,
조용히 피어나는 희망의 잔향 속에
나의 고단한 여정은
새로운 내일을 꿈꾸며 또 한 번 뛰기 시작한다.

그러나 병원 입원할 때마다
더 정직하고, 더 바르게 살겠노라 다짐해도
왜 이리도 길은 험한지,
나는 여전히 죽음이라는 불확실함 속에
병원의 신세를 지고 있다.

하루하루, 감사함 속에 다시 태어나는 아침을 맞이하며
잊지 못할 그 슬픈 순간들을 마음에 새기고,
내 안에 새겨진 다짐은
어둠 속에서도 한 줄기 빛으로
영원히 흐르고 있다.

시와 어울리는 음악을
감상하시려면?
아래 QR코드를 찍어보세요!

나만의 행복

홀로 남은 나의 삶
아름다운 숲속에서 나는 살고 있습니다
물과 나무와 사랑하는 강아지들과 함께
혼자서도 외롭지 않은
평화와 조용함이 느껴지는 곳에서
찬 바람이 나무를 흔들며
새들의 노래가 울려 퍼질 때
마음속 깊은 곳에서 나의 희망도
평화롭게 피어나는 것 같습니다
숲의 품에서 나의 삶은
시간이 천천히 흐르는 듯하죠
자연의 소리와 함께
나의 마음도 조용히 풍부 해집니다
강아지들과 함께하는 하루는
언제나 새로워요
그들의 충성스럽고
끝없는 애정이 나를 감싸네요
아름다운 숲속에서 나는 살고 있습니다
자연과 함께하는 일상이
나를 더욱 풍요롭게 만들어갑니다
가을 하늘 푸르른 날의 하늘에서, 부는 바람이 하는 말,

산다는 것이 계곡의 시린 물이나
비 갠 뒤의 달빛처럼
마냥 시원할 수만 있느냐고 묻는다.
번뇌와 허물을 벗어놓고,
길을 떠나라고 한다.
길을 가다가 만나는 외로운 길손들을 위해
술만 붓지 말고,
그윽한 감정도 섞어 부어
빈 잔을 가득 채우라고 한다.
인색하지 말고 서로를 이해하며
주고받으며,
길 술을 마시라고 한다.
바람 가듯이, 구름 가듯이
발길 끄는 대로 가라고 한다.
모든 것을 받아들이며,
여정을 계속하라고 한다.

시와 어울리는 음악을
감상하시려면?
아래 QR코드를 찍어보세요!

새벽

동이 트는 새벽이면
많은 사람들은 각자 다른 모습으로 아침을 맞이한다.
처음 눈을 뜨고
어제와 같은 생활의 연속이지만
새로운 꿈을 꿔 동이 터오기를 기다리며
하루를 열어본다.
새벽에 움직이는 삶의 맛을 느끼며,
새벽 사람들을 만난다.
신문을 배달하는 사람
우유를 배달하는 사람
청소부 아저씨
새벽 택시 기사님의 해장국을 먹는 모습
재래시장에 나가는 아낙네
노동시장으로 나가는 노동자
도매시장의 중개인
짐을 싣고 시간을 다투는 기사
다른 지역으로 출근하는 사람들.
모두가 이 삶을 느끼고 살아갈 수 있는 사람들이 아닐까요…
하지만 그들은 알면서도 모르는 척
날씨를 노동과 연관성으로만 언급한다.
비가 오는지?

눈이 오는지?

구름이 끼는지?

그렇지만 승리하는 삶의 순간을

꿈을 꾸며 새벽을 맞이할 것이다.

살아가면서

어린 아이가 되고 싶을 때처럼

동이 트는 새벽을 보면서

옛 시간의 여유가 허락했던

추억을 더듬으며

마음을 달래고 차창에 눈을 감는 사람들...

순수한 마음으로

때 묻지 않은 마음으로

맑고 푸른 하늘 같은 생각으로

살아가고 싶을 때도 있다.

쓰라린 고통도

계절의 아름다움도

그냥 외면해야 할 때

기도하고 싶을 때가 있다.

하늘을 보고 기도하고 싶다고

시간의 흐름 속에서, 이겨낼 수 있는 만큼의 고통을 주시고

그 고통을 견딜 지혜를 구하고 있습니다.

하늘은 대답합니다.
그 인내 속에 답이 있고, 그 답은 이미 알고 있지 않느냐고?
반문합니다.
또 다른 새벽으로 하루를 맞이하는
승리의 삶은, 시간이 견딜 수 있는 지혜임을 알고
이 세상에서 가장 소중하고 존경받아야 할 스승은
시간임을 알고
오늘도 새벽 사람들 속에서 나는 존재합니다.

시와 어울리는 음악을
감상하시려면?
아래 QR코드를 찍어보세요!

진실과 위선

내가 살아온 날들 속에서
나는 얼마나 진실했는가?
아니면,
누군가에게 보이기 위한
위선 속에 머물렀는가?
남의 눈을 의식하며 웃고,
마음과 다른 말을 내뱉으며
스스로를 속인 적은 없었는가?
진실은 때때로 거칠고,
위선은 부드러운 가면을 쓴다.
하지만 결국, 가면은 벗겨지고
진실만이 남는다.
이제 나는 묻고 싶다.
내가 걸어온 길이
참된 나의 것이었는지를.

시와 어울리는 음악을
감상하시려면?
아래 QR코드를 찍어보세요!

IMF가 주는 교훈

그날, 바람은 차가웠다.
숫자로 매겨진 경제의 심장이
한순간 멈춰 섰다.
삶의 터전은 흔들리고
희망마저 저당 잡힌 날들.
노동자의 손끝엔 더는 온기가 없었고
자영업자의 가게 문은 굳게 닫혔다.
쌀 한 톨에 담긴 눈물의 무게가
식탁 위에 쌓여만 갔다.
함께 삽시다.
은반지와 목걸이,
아이의 첫 돌 반지까지
국민의 마음을 녹여낸 골드바가
산더미처럼 쌓여갔다.
하지만 그 빛나는 황금빛은
더 이상 우리가 누릴 영광이 아니었다.
그것은 빚의 족쇄를 끊기 위한 몸부림,
민초들이 견딘 역사의 증거였다.
IMF라는 세 글자 속에서
우리는 하나가 되었다.
가진 자와 없는 자,

고통은 똑같이 찾아와
모두를 울렸다.
그러나 그 고통의 터널을 지나며
우리는 깨 달았다.
결국 나라 란, 국민이 지키는 것임을.
땀과 눈물로 엮어낸 우리의 이야기가
다시는 반복되지 않도록
역사의 가슴에 새긴다.

시와 어울리는 음악을
감상하시려면?
아래 QR코드를 찍어보세요!

용서는 언제 해야 할까?

혈육처럼 아꼈던 이들,
우정을 나눈 벗들,
함께 걸어온 선후배,
믿음으로 엮였던 동반자들.
그러나,
믿음은 배신으로 돌아오고
진심은 오해 속에 스러졌다.
그렇게 나는 등을 돌리고,
마음을 닫고,
고요한 거리 속에 홀로 서 있다.
용서는 언제 해야 할까?
모든 것을 잊고,
다시 손을 내밀어야 하는가?
아니면 상처를 안고, 끝내 돌아서야 하는가?
시간이 지나도 쉬이 아물지 않는 상처,
하지만,
용서란 남을 위한 것이 아니라, 결국 나를 위한 것이리라.
등진 채 살아도 괜찮다.
그러나 미움이 아닌,
평온한 마음으로 걸어갈 수 있다면,
그것이 곧 용서의 또 다른 모습일 것이다.

시와 어울리는 음악을
감상하시려면?
아래 QR코드를 찍어보세요!

소유와 집착

손에 쥐면 내 것인 줄 알았네.
시간도, 사랑도, 행복도
모두 내 것이 될 줄 알았네.

그러나 꽃은 꺾는 순간 시들고,
바람은 붙잡는 순간 사라지며,
마음은 움켜쥘수록 무거워졌다.

소유는 처음엔 따뜻했으나
곧 집착이 되어 나를 묶었고,
가진 것이 많아질수록
잃을 것이 두려워졌다.

그러나 이제 알았네.
소유란 한때의 착각이고,
집착이란 마음의 무게라는 것을.

놓아보니 비로소 보이더라.
비울수록 채워지는 자유,
놓을수록 가벼워지는 삶,
그리고 머무르지 않는 사랑을.

시와 어울리는 음악을
감상하시려면?
아래 QR코드를 찍어보세요!

넉넉한 삶

인간은 태어나 삶을 살아가면서 종종 자신의 존재와 삶의 의미를 의심하게 된다.
모두 어떤 식으로 든 삶에 대한 의미를 찾으려고 노력하지만, 종종 우리는 혼란스럽고 방황하는 순간들을 겪기도 한다.
이런 고민 속에서 우리는 종종 넉넉함에 대한 욕구를 느낀다.
넉넉함 이란 무엇일까? 그것은 시간과 자원이 충분히 있어 모든 것을 마음껏 할 수 있는 상태를 의미한다.
넉넉함은 고요함과 평화를 가져다 주며, 우리의 내면을 더욱 풍요롭게 만들어 준다.
그것은 물질적인 풍족함 뿐만 아니라 정신적인 만족감을 의미한다.
우리는 종종 일상의 바쁨과 스트레스 속에서 넉넉함을 찾고자 한다. 그러나 현실은 때로 우리에게 그런 편안함을 허락하지 않는다. 우리는 여유롭게 살기보다는 남들과 비교하며, 더욱 많은 것을 소유하려 하고, 더욱 높은 목표를 향해 달려가곤 한다.
그러나 넉넉함은 결코 외부의 조건에 달려있지 않다.
그것은 우리의 태도와 마음가짐에서 비롯된다.
우리가 어떻게 자신을 받아들이고, 주변 사람들과 관계를 맺으며, 삶을 경험하는지에 따라 우리의 삶은 넉넉함의 영역으로 확장될 수 있다.

이해하기 쉬운 예로, 넉넉한 삶은 시간을 가족과 함께 보
내며, 그들과의 깊은 대화를 즐기는 것에서 비롯된다.
넉넉한 삶은 독서와 사색에 시간을 할애하여 내면의 성
장을 추구하는 것에서 비롯된다.
넉넉한 삶은 자신의 한계를 극복하고 새로운 가능성을 찾아가는 모험 정신에서
비롯된다.
넉넉함을 찾기 위해서는 우리는 자신을 받아들이고, 일
상의 소소한 기쁨을 찾아야 한다.
우리는 자신의 삶을 인정하고, 자신의 가치를 알아야 한다.
우리는 현재에 집중하고, 과거의 후회나 미래의 불안에
사로잡히지 않아야 한다.
넉넉한 삶은 우리의 손안에 있으며, 그것을 실현하기
위한 시작은 바로 지금 버터다.
우리는 어제보다 오늘 더 나은 사람이 되기 위해 노력하고, 더 나은 미래를
위해 계획을 세우는 것이다.
우리는 넉넉한 삶을 향해 나아가는 여정에서 끊임없이 성장하고, 배우며,
변화할 준비가 되어 있어야 한다.
그것이 바로 우리가 넉넉함을 배우며 살아가는 방식이다.

시와 어울리는 음악을
감상하시려면?
아래 QR코드를 찍어보세요!

내 안의 물음

잠을 못 이루는 밤
끊임없이 떠오르는 물음들
왜?
나는 여기서 무엇을 찾고 있는가?
하루 끝에 서서
내 안의 많은 물음들에
무언가를 대답하고 싶다.

시와 어울리는 음악을
감상하시려면?
아래 QR코드를 찍어보세요!

교육자

교육자가 되기까지의 길은 가늠할 수 없는 많은 선택과 도전의 연속이었다.
그 길은 종종 불확실하고 어렵기도 했지만
항상 새로운 지식을 탐구하고,
지혜를 전달하는 데의 보람이 있었다.
한 학문 분야를 깊이 있게 연구하고
가르치는 일은 그 자체로 큰 책임감을 수반한다.
학생들의 지적 호기심을 자극하고,
그들의 미래를 준비하는 과정에서의 작은 기여들이 모여 큰 변화를 이루기를 바란다.
교수는 학문의 전문가로서의 역할을 넘어서,
학문적 지도자이기도 하다.
학생들에게 지식을 전달하는 것뿐만 아니라,
윤리적인 리더십을 보여주어야 한다.
이는 학문의 선구자가 되어야 하며,
사회적 책임을 다하는 본인이 되어야 한다.
교수의 길은 풍부한 경험과 도전의 연속이다.
학생 들과의 상호 작용을 통해, 매일 새로운 아이디어와 시각을 얻는다.
그 과정에서 자신의 전문성을 고취시키고,
학문적 열정을 유지하는 데 큰 도움이 된다.
하지만, 교수의 길은 항상 원활하지 않을 수 있다.
자신의 연구가 허물어지고, 학생 들과의 소통이 어려울 때가 있다.

그럴 때마다 겸손함과 인내심이 필요하다.

교육은 지속적인 프로세스이며, 삶의 일환으로 자리 잡고 있다.

대학교수가 되기 위해선, 끊임없는 자기계발과 학문적 탐구가 필요하다.

신뢰와 존경을 얻기 위해, 학문적 진실과 윤리적 책임을 절대적으로 중시해야 한다. 그리고 이

모든 것은 항상 학생들과 끊임없는 상호 작용에서 비롯된다.

교수의 길은 언제나 새로운 도전과 발견의 과정이다.

이 길을 선택한 이유는, 지식을 전달하고, 학생들의 미래를 형성하는 동시에,

자신의 학문적 열정을 탐구하기 위해서이다.

그래서 나는 학생들과 함께 연구하는 길을 걸어가고 있다.

시와 어울리는 음악을
감상하시려면?
아래 QR코드를 찍어보세요!

벗

끝없는 길을 돌고 돌아
들어선 낯선 마을에
따스한 인사를 나누며, 우린 서로를 알아가네.
그대들은 자란 곳이 송광사라 네.
봄이 시작되는 입춘에는 고로 쇠 물
초여름에는 죽순과 산나물
가을이면 조계산 송이버섯
겨울이면 멧돼지 갈비
아낌없이 주는 친구!
시골의 이웃들에게 소개해주며,
정착할 수 있게 해준 고마운 친구이다.
우리는 함께 걷는 길에서
끈끈한 우정의 더 많은 것을 찾아간다.
가을의 향기 속에, 우리는 노인이 되어간다.
단 하나의 새벽에 햇살은
우리의 온기가 되었네

시와 어울리는 음악을
감상하시려면?
아래 QR코드를 찍어보세요!

과거의 자화상

나는 진실했는가?
과거의 자화상을
잘못 묻은 적이 있었는가?
숨어있던 어둠 속에서
진실은 무엇인가?
내가 찾고자 했던
그 빛의 길은?
나는 진실했는가?
과거의 추억을
제대로 해석한 적이 있었는가?
되돌아보니
모든 게 허상뿐이네.
어제도, 그제도, 10년 전에도
부끄럽고
후회스럽고.
죄스럽게 한다.
고행 속의 인생
길고 험한 여정돌부리에 채이고, 비바람에 흔들리며
마음의 상처는 언제나 아물지 않고
매 순간이 고통의 반복이라 말하지만
그 속에도 빛이 있으니,

어둠 속의 별처럼

작은 기쁨,

따스한 손길,

눈물 속 미소

슬픔이 깊을수록 희망은 빛나고

고통은 우리가 살아있음을 증명하네

고행이라 불러도 좋으나,

그 끝엔

우리의 꿈이 피어나는 순간이 있음을

멈추지 않고 걷는 발걸음마다.

내일의 햇살이 우리를 기다리고 있네

고행 속에서 찾은 사랑과 용기

그 모든 것이 결국 우리를 살아가게 하라니

인생은 고행이면서도,

한편으로는 가장 찬란한 여정일 것이다.

시와 어울리는 음악을
감상하시려면?
아래 QR코드를 찍어보세요!

나는 왜 사는가?

물결이 밀려오듯,
삶의 파도가 나를 밀고 끌어당긴다.
하늘의 별빛을 따라,
나는 나의 길을 찾아간다.
매 순간을 꿈꾸며,
나는 세상의 아름다움을 느낀다.
나는 왜 사는가?
그 질문의 답은,
내 안의 열정과 사랑으로
삶을 채워 나가는 것이다.
희망의 노래를 부르며,
나는 삶의 의미를 깨닫는다.
나는 왜 사는가?
그것은 단순한 존재가 아니라,
마음으로 살아가는 이유이다.
미래를 찾아서
나는 옛날에 꿈을 꾸었다.
저항이 높다
나는 절대 죽지 않을 것이라고 믿습니다.
합장하며 싫어하는 것을 구했던 순간들,
그때 나는 싫어하고 두려워하지 않았습니다.

몸값을 중요하게 생각하지 않았습니다.

내가 하고 싶은 모든 것이 순조로웠고, 만족감은 끝이 없었습니다.

그러나, 호랑이는 찾아온다.

그들의 목소리는 천둥처럼 부드러우면서 날카롭다.

그들은 희망을 갈기갈기 찢어버리고, 당신의 꿈을 부끄러움으로 물들인다.

하지만 나는 여전히 꿈을 꾼다.

나에게 다시 올 그 꿈을, 그러나 이루지는 꿈도 있다.

우리가 분열할 수 없는 폭풍도 있다.

나는 내 인생이 이 지옥과 같은 기분이라고 믿는다.

이 생명체는 삶의 이상과 현실의 간극, 그리고 꿈의 소멸을 통해 인생을 살아갑니다.

시와 어울리는 음악을
감상하시려면?
아래 QR코드를 찍어보세요!

달빛은 나와 함께

아름다운 숲속에서 나는 살고 있다.
물과 나무와 사랑하는 강아지들과 함께
혼자서도 외롭지 않은,
평화와 조용함이 느껴지는 이곳에서
찬 바람이 나무를 흔들며
새들의 노래가 울려 퍼질 때
마음속 깊은 곳에서
나의 희망도
평화롭게 피어나는 것 같다.
숲의 품에서 나의 삶은
시간이 천천히 흐르는 듯하다.
자연의 소리와 함께
나의 마음도 조용히 풍부 해진다.
나이 들어감에
고요한 방 안에
흐르는 시간의 속삭임,
한때는 가득했던 웃음소리도
이젠 먼 기억 속 울림이네.
나이 들어 홀로 산다는 것,
창문 너머로 스며드는
저녁 노을처럼

조용히, 천천히 다가오는 것.
차가운 아침 햇살에
따뜻한 차 한 잔을 데우고
빈 의자 건너편에
말없이 마주한 외로움이 있다.
낡은 사진첩을 넘기며
추억의 조각을 꺼내 본다.
언제나 곁에 있을 것 같던
사람들은 어느새 다 떠났구나.
고독은 친구가 되어
작은 위로를 건네고,
침묵 속에서 피어나는
나만의 이야기를 듣는다.
나이 들어 홀로 산다는 것,
그리움과 익숙해지는 것,
스스로를 다독이며
조용히 하루를 마무리하는 것.
밤하늘의 별 하나가
나를 보고 속삭이듯,
혼자라는 건 외로운 일이지만
가끔은 빛나는 일이기도 하다.

시와 어울리는 음악을
감상하시려면?
아래 QR코드를 찍어보세요!

친구

나이 들어가면서
친구가 없는 현실에 맞서
나는 고독을 느낀다.
어린 시절의 동반자들은
멀리 사라져 갔고,
나를 둘러싼 세상은
낯설고 무관심하다.
일상 속에서는
어울릴 사람이 부족하고,
마음을 나눌 이가 없어
무기력함이 밀려온다.
시간은 점점 더 느려지고,
나는 혼자서만
삶을 이어가고 있다.
나이를 먹으면서
친구라는 따뜻한 존재가
어떻게 그리워지는지,
그리고 얼마나 중요한지를 깨 달았다.

시와 어울리는 음악을
감상하시려면?
아래 QR코드를 찍어보세요!

나이 들어감에 욕심을 버려야 하는 이유

눈부신 젊음의 꿈을 꾸며왔지만,
세월의 흐름에 맞춰 걸어가는 나는,
점점 더 나아가는 길 위에 서 있다.
욕심은 마치 화려한 불꽃처럼, 짧은 시간을 비추고 사라지지만,
평온하고 깊이 있는 내 안의 평화는 영원히 계속된다.
나이 들어 감은 지혜와 인내의 성숙을 의미하며,
매 순간을 귀하게 여기며, 눈에 보이지 않는 진실의 가치를 발견한다.
나는 이제 더 이상의 무엇을 원하지 않으며,
자연의 소리와 함께,
내 안의 모든 욕심을 부드럽게 버리고 있다.
세월의 흔적이 그려낸 깊이 있는 나의 삶은,
순간의 즐거움보다는,
더 많은 의미와 감사함을 담고 있다.
풍요로운 삶
인간은 태어나 삶을 살아가면서 종종 자신의 존재와 삶
의 의미를 의심하게 된다.
모두 어떤 식으로든 삶에 대한
의미를 찾으려고 노력하지만, 종종 우리는 혼란스럽고
방황하는 순간들을 겪기도 한다.
이런 고민 속에서 우리
는 종종 넉넉함에 대한 욕구를 느낀다.

넉넉함 이란 무엇일까? 그것은 시간과 자원이 충분히 있어 모든 것을 마음껏 할 수 있는 상태를 의미한다.
넉넉함은 고요함과 평화를 가져다 주며, 우리의 내면을 더욱 풍요롭게 만들어 준다.
그것은 물질적인 풍족한 뿐만 아니라 정신적인 만족감을 의미한다.
우리는 종종 일상의 바쁨과 스트레스 속에서 넉넉함을 찾고자 한다. 그러나 현실은 때로 우리에게 그런 편안함을 허락하지 않는다. 우리는 여유롭게 살기보다는 남들과 비교하며, 더욱 많은 것을 소유하려 하고, 더욱 높은 목표를 향해 달려가곤 한다.
그러나 넉넉함은 결코 외부의 조건에 달려있지 않다.
그것은 우리의 태도와 마음가짐에서 비롯된다.
우리가 어떻게 자신을 받아들이고, 주변 사람들과 관계를 맺으며, 삶을 경험하는지에 따라 우리의 삶은 넉넉함의 영역으로 확장될 수 있다.
이해하기 쉬운 예로, 넉넉한 삶은 시간을 가족과 함께 보내며, 그들과의 깊은 대화를 즐기는 것에서 비롯된다.
넉넉한 삶은 독서와 사색에 시간을 할애하여 내면의 성장을 추구하는 것에서 비롯된다.

넉넉한 삶은 자신의 한계를 극복하고 새로운 가능성을 찾아가는
모험 정신에서 비롯된다.
넉넉함을 찾기 위해서는 우리는 자신을 받아들이고, 일
상의 소소한 기쁨을 찾아야 한다.
우리는 자신의 삶을 인정하고, 자신의 가치를 알아야 한다.
우리는 현재에 집중하고, 과거의 후회나 미래의 불안에
사로잡히지 않아야 한다.
넉넉한 삶은 우리의 손안에 있으며, 그것을 실현하기
위한 시작은 바로 지금 여기에서부터 다.
우리는 어제보다 오늘 더 나은 사람이 되기 위해 노력하고, 더 나은 미래를 위해
계획을 세우는 것이다.
우리는 넉넉한 삶을 향해 나아가는 여정에서 끊임없이 성장하고, 배우며,
변화할 준비가 되어 있어야 한다.
그것이 바로 우리가 넉넉함을 배우며 살아가는 방식이다.

시와 어울리는 음악을
감상하시려면?
아래 QR코드를 찍어보세요!

작별의 노래

말없이 건네는 손끝의 떨림,
마지막 순간에도 바람은 불고,
파도는 따스히 스며드네.
작별이란, 방전감이 아니니
부품화 된 시간이여, 기억 속에 남으라.
한 군데씩 남아있는 이야기,
그 안에 남겨진 추억의 조각들.
눈물이 흐를지라도,
그 눈물은 곧 웃게 해줄 것입니다.
작별은 끝이 아니어야 하며,
또 다른 시작의 문턱. 확장된 나눔의 마음은
우리를 이어주는 다리리라.
"안녕"이라 말하지만, 그 안에 담긴 뜻은 "다시 만나자."
별이 진 밤하늘 아래
인사는 어둠을 깨고 우리는 빛이 되리라.
작별 인사가 인가요?

시와 어울리는 음악을
감상하시려면?
아래 QR코드를 찍어보세요!

담락제 (작은즐거움이 있는집)

아름다운 숲속에서 나는 살고 있다.
물과 나무와 사랑하는 강아지들과 함께
혼자서도 외롭지 않은
평화와 조용함이 느껴지는 곳에서
찬 바람이 나무를 흔들며
새들의 노래가 울려 퍼질 때
마음속 깊은 곳에서 나의 희망도
평화롭게 피어나는 것 같다
숲의 품에서 나의 삶은
시간이 천천히 흐르는 듯하다
자연의 소리와 함께
나의 마음도 조용히 풍부 해진다.
강아지들과 함께하는 하루는
언제나 새롭다.
그들의 충성스럽고
끝없는 애정이 나를 감싸네요
아름다운 숲속에서 나는 살고 있다
자연과 함께하는 일상이
나를 더욱 풍요롭게 만들어 가는데..
바람 소리와 나무들의 말소리만이
내 마음 깊숙이 흘러가는 유일한 소리

달빛이 비치는 산사의 밤
별들이 빛나는 하늘 아래
하늘과 땅 사이
끊임없이 흐르는 저 강물처럼
언제나 물끄러미 산사의 모습을 바라보며
나만의 그림자와 말없이 대화를 나누는 집
내 안에 가득히 품은 이 즐거움이
언젠가는 변해갈 희망으로 느껴진다.

시와 어울리는 음악을
감상하시려면?
아래 QR코드를 찍어보세요!

5장.
별이 뜨는 시간

어둠이 스며들고,

세상이 조용해지는 시간,

나는 하늘을 올려다본다.

낮의 소란이 모두 사라진 자리에

작은 빛들이 하나 둘 떠오른다.

별이 뜨는 시간,

우리는 어둠 속에서야 비로소

그 빛을 온전히 바라볼 수 있다.

겨울 비

입춘을 하루 앞둔 저녁,
창밖에 겨울비가 내린다.
눈 대신 부드러운 빗물로
겨울은 조용히 퇴장을 준비하고,
봄은 아직 망설이며 문 앞에 서 있다.
얼어붙었던 가지 끝에도
촉촉한 숨결이 스며들고,
차가운 땅도 빗물에 녹아
새싹의 속삭임을 준비한다.
이 비는 겨울의 마지막 인사일까?
아니면 봄의 첫걸음일까?
바람도, 구름도,
그저 조용히 기다릴 뿐.
마지막 여름
창밖의 녹음이
푸르른 심장처럼 뛰고 있습니다.
햇살은 초록을 덮고
바람은 뜨겁게 달려오지만,
나는 느낍니다.
시간의 손끝에서 떨어지는
여름의 마지막 숨결을.

반년을 흘려 보낸 흔적들,
희망과 두려움이 뒤섞인 나날들 속에
나는 여전히
나를 찾는 길 위에 서 있었습니다.
지나온 길은 내 그림자를 키웠고,
다가올 내일은
새로운 나를 부릅니다.
이제부터 의 삶은
역사가 될 것입니다.
눈부신 녹음이 사라질지라도
가을의 깊은 울림을 품고,
겨울의 고요함을 넘어,
다시 피어나는 봄처럼.
삶의 마지막 여름은 아니길 바라며,
나는 다짐합니다.
지금 이 순간,
나의 손끝에 새겨지는
첫 글자를, 첫 발걸음을.
역사는 나로부터 시작된다는 것을.

시와 어울리는 음악을
감상하시려면?
아래 QR코드를 찍어보세요!

산길을 걷다

독립된 새벽, 이슬 머금은 잎새 위로
사랑이는 바람이 속삭이기 때문입니다.
한 걸음 한 걸음, 잊힌 이야기들을
산의 품속에 조용히 새기며 산책한다.
구름 사이로 스며드는 별장,
깊은 숲길을 따라 내 마음도 열리네.
자연의 노래가 발끝에 닿아
서 시간만으로도 잔잔히 멈춘다.
멀리 떨어져 있는 새들의 노래와 함께
바람은 내 안의 소란을 이루고,
오직 산의 숨결에 안겨
내 영혼은 다시 태어나는 듯하다.
오늘도 나는 이 산길 위에
자연과 한 몸으로서, 평온함을 찾습니다.
레즈비언마다 피어는 작은 기적들 속에
내 삶의 의미를 다시금 새기며 걷는다.

시와 어울리는 음악을
감상하시려면?
아래 QR코드를 찍어보세요!

화려한 가을

가을이 짙어 가는 날씨와 그리움이 깊이 묻혀 있는
이 시절,
창밖은 점점 어두워지는 가을 오후가 찾아왔어요.
오늘 같은 날, 당신과 함께 사랑을 노래하면 참 좋을 것 같아요.
그저 바라보고, 또 보고,
아주 가까운 거리에서 당신을 바라보면 참 좋을 것 같아요.
말하지 않고, 살며시 다가가서,
살포시 당신의 볼을 비비면 참 좋을 것 같아요.
오늘 같은 날, 당신을 보면 참 좋을 것 같아요.
우리에게 있어서, 실수하거나 잘못한 일이 있어도,
용납하고 용서하는 마음이 있으면 참 좋을 것 같아요.
항상 그리움 속에서, 언제나 기쁘게 만나고,
각자의 위치로 돌아가면서도, 사랑하는 마음으로
그리워하면 참 좋을 것 같아요.
내일, 우리는 함께할 수 있는 마음으로 준비되어 있고,
서로를 사랑하고 지켜준다면 참 좋을 것 같아요.

시와 어울리는 음악을
감상하시려면?
아래 QR코드를 찍어보세요!

바람의 길

바람이 속삭이는 말,
산다는 것은 어디 계곡의 시린 물처럼 시원할 수만 있는가?
번뇌와 허물을 벗어놓고, 길을 떠나라고 하니?
길을 걷다 만나는 외로운 길손을 위해
술을 붓는 것이 아니라, 감정을 부어 빈 잔을 채우라.
인색하지 말고 서로를 이해하며 주고받으며
길을 걷는다는 것을 마시라.
바람처럼, 구름처럼 발걸음을 끌고
가라고 한다.
모든 것을 받아들이며,
여정을 계속하라는 말을 듣는다.

시와 어울리는 음악을
감상하시려면?
아래 QR코드를 찍어보세요!

가을에 속삭임

가을은 묻는다.
너의 삶은 어디쯤 있느냐고?
붉게 물든 잎사귀처럼
불타오른 순간은 있었느냐고?
가을은 속삭인다.
시들어가는 꽃잎 속에서도
진실한 향기가 남는 법이라고.
흐르는 세월을 원망하지 말라고. 가을은 위로한다.
떨어진 낙엽이 땅을 덮어
새로운 생명의 자리가 되듯,
너의 흔적도 누군가에겐 희망이라고. 가을은 약속한다.
긴 겨울이 지나고
다시 푸르른 봄이 올 것을.
그러니 지금의 고요함 속에
삶의 진실을 새기라고.
인생에 있어 가을은,
후회와 성찰,
그리고 또 다른 시작의 계절이다.
봄에는 연둣빛 새싹이
햇살을 품으며 말 했어.

"처음은 언제나 설레는 거야,
기다림 끝에 찾아오는 기적이니까."
여름이 오면 잎들은
서로를 두드리며 웃었지.
"함께 있을 때 우리는 더 푸르고 더 넓어질 수 있어."
가을이 되자 노랗게 물든 잎이
하나 둘 바람에 몸을 맡겼어.
"이별도 자연스러운 거야,
다시 만날 날을 꿈꾸며 떠나는 거니까."
겨울이 오면 나무는
가만히 하늘을 올려다보았어.
"쉼은 끝이 아니라 준비야,
또 다른 시작을 위한 시간이지."
강물처럼
고요히 흐르는 강물처럼
나는 그대 곁을 지나갑니다.
소리 없이 스며드는 바람처럼
그대 마음을 어루만집니다.

때론 격정의 파도로 휘몰아쳐도
다시 잔잔한 물결이 되어
그대가 머무는 곳 어디든
부드럽게 감싸 안으리.
바위에 부딪혀도 멈추지 않고
햇살을 품고 반짝이며
멀리, 더 멀리 흐르는 강물처럼
그대를 향해 흘러가겠습니다.

시와 어울리는 음악을
감상하시려면?
아래 QR코드를 찍어보세요!

겨울 산사

겨울 오후,
햇빛은 냉랭한 듯 산비탈을 스친다.
싸늘한 바람은 마른 나뭇가지를 스쳐
서로의 고독을 확인하듯 울음소리를 낸다.
인적 끊긴 산사의 담벼락,
세월이 새겨진 이끼와 금 간 돌 틈 사이
작은 숨소리마저 사라진 그곳에서
고요는 깊은 고독이 된다.
부처의 미소는 무거운 침묵을 품고
목탁 소리마저 얼어붙은 저녁,
바람은 문을 두드리며 쓸쓸함을 전하고,
낙엽은 마른 손으로 마지막 몸짓을 남긴다.
어딘 가에서 있는 오래된 소나무,
겨울의 차가운 손길을 견디며, 고독 속에서도 혼자가 아님을 깨우쳐 준다.
삭막한 겨울 산사,
그 속에서도 한 줄기 연기가 하늘로 번진다.
고독한 이들을 위한 작은 기도로,
혹은 사라질 겨울의 마지막 숨결로.

시와 어울리는 음악을
감상하시려면?
아래 QR코드를 찍어보세요!

꽃잎에 머문 햇살

아침이 열리는 순간, 첫 번째 빛이 꽃잎 위에 내려앉는다.
어제의 바람이 남긴 흔적을 가만히 어루만지며
아직은 이슬을 머금은 연약한 가장자리를 따스하게 감싼다.
한 송이의 꽃이 피어나듯,
시간도 그렇게 조용히 펼쳐지고
햇살은 머무르며 속삭인다.
너는 얼마나 많은 밤을 지나왔느냐고?
얼마나 많은 바람과 비를 견뎠느냐고?
꽃잎은 대답하지 않는다.
그저 가만히 빛을 받아들이며,
순간을 온전히 품으며,
자신을 비춰주는 햇살에 조용히 미소를 보낼 뿐이다.
짧은 계절, 짧은 순간 속에서도
햇살은 꽃잎 위에서 머물며 이야기한다.
모든 것이 흘러가더라도, 모든 것이 스쳐 지나가더라도,
지금 이 순간, 너는 가장 아름답다고.

시와 어울리는 음악을 감상하시려면?
아래 QR코드를 찍어보세요!

노을 속으로

해가 지는 저녁,
노을은 하늘을 붉게 물들이며
하루의 끝자락을 조용히 감싸 안는다.
길게 늘어진 그림자 사이로 바람이 스며들고,
고요한 강물 위로 금빛 파도가 일렁인다.
나는 천천히 걸음을 옮긴다,
노을 속으로, 뜨거웠던 태양의 열기가 부드러운 빛으로 변하고,
그 붉은 빛 사이로 수많은 기억들이 떠오른다.
그리운 얼굴들, 지나온 시간들, 한때는 찬란했지만
이제는 저물어가는 것들.
노을은 말없이 나를 품고,
나는 서서히 그 안으로 스며든다.
마치 한 장의 그림처럼, 마치 한 편의 이야기처럼.
그리고 마침내, 어둠이 서서히 내려앉을 때쯤, 나는 노을 속에서 사라지고,
별빛 아래에서 다시 태어난다.

시와 어울리는 음악을
감상하시려면?
아래 QR코드를 찍어보세요!

과거를 묻다

나는 오늘,
바람에게 묻는다.
지나간 시간들은 어디로 흘러갔느냐고?
잊으려 했던 기억들은 어디에 머물러 있느냐고?
바람은 대답하지 않고
그저 조용히 나를 스쳐 지나간다.
어디선가 불어온 이 바람은
수많은 길을 지나왔을 것이다.
어떤 날은 꽃향기를 품고,
어떤 날은 비에 젖은 냄새를 안고,
어떤 날은 아픔과 그리움을 실어 나르며.
이 바람을 맞으면 마음 깊은 곳에서
묻어두었던 것들이 하나 둘 깨어난다.
나는 다시 묻는다.
떠나온 길은 올바른 길이었는지,
지나쳐 온 순간들은 의미가 있었는지.
그러나 바람은 여전히 아무런 말도 없이
내 어깨 위를 지나가며 속삭인다.
"그 모든 길이 너를 만들었어."
그래, 어쩌면 묻지 않아도
이미 알고 있었는지도 모른다.

모든 것이 사라지는 것 같아도

사라지는 것은 아무것도 없다는 것을.

바람이 지나간 자리에도

어딘가 에는 흔적이 남아 있듯이,

내가 살아온 길도 결국은

어딘 가에 남아 나를 이루고 있을 테니까.

나는 조용히 눈을 감고

이 바람을 온전히 받아들인다.

묻지 않아도 괜찮다.

바람이 나에게 남긴 대답을,

이제는 알 것만 같다.

시와 어울리는 음악을
감상하시려면?
아래 QR코드를 찍어보세요!

새벽이슬

고요한 새벽,
세상이 아직 잠든 그 시간,
나는 천천히 걸으며 새벽이슬을 만난다.
밤의 어둠을 머금고도 투명하게 빛나는 작은 물방울,
그 안에는 지나온 밤의 숨결과 다가올
아침의 기운이 함께 담겨 있다.
잎 끝에 매달려 흔들리는 이슬방울을 바라보면,
마치 우리의 삶도 저와 같지 않을까 생각해본다.
어둠을 견뎌낸 끝 에야
비로소 빛을 품을 수 있다는 것을,
가장 작고 연약한 순간에도
찬란한 광채가 깃들 수 있다는 것을.
새벽의 공기는 차갑고도 맑아서
한숨처럼 가벼운 생각들조차
투명하게 퍼져 나가고,
나는 이슬처럼 가만히 머물며
지나온 시간들을 조용히 되새긴다.
그리고 해가 떠오르는 순간,
이슬방울은 흔적 없이 사라지지만,
그 빛은 내 마음에 남아
하루를 살아갈 작은 용기가 된다.

시와 어울리는 음악을
감상하시려면?
아래 QR코드를 찍어보세요!

구절초

외롭게 보이는 구절초 그리며
바람이 소리 없이 밤새 불어,
찬 서리가 신 새벽에 내리고,
달빛이 비추는 구절초.
사람이 그리워 외로워 힘들어도,
슬픔이 가슴에 파고들어도,
구절초는 그 자리에서 나를 반기네요.
구절초 피는 날, 젊은 꽃,
맑게 피어 향기를 풍기는 날,
그리고 지는 날,
소리 없이 누군가에게 달려가 고픈,
내 마음 같아라.
구절초를 보는 날마다,
구절초는 나를 되돌아보게 합니다.
지금까지 지내온 나의 곁 인연들에게,
내 아픔과 상처가 있다면,
그대들의 넉넉하고 화 통한 모습으로,
나를 무시하라고 말하고 싶게 하는 구절초.
이 가을, 아름다움으로 열어가는 사람들과,
구절초처럼 맑고 고운 빛으로,
깊어가는 가을이 참된 모습으로,
살아가는 이들에게 머리 숙여 본다.

시와 어울리는 음악을
감상하시려면?
아래 QR코드를 찍어보세요!

달빛 아래서

밤이 깊어가고,
세상은 조용히 잠이 든다.
어둠 속에서도 어딘가 빛나는 것이 있다는 듯
달은 조용히 떠올라 세상을 부드럽게 감싼다.
나는 달빛 아래서 천천히 걸으며
마음 깊숙이 감춰둔 기억들을 하나씩 꺼내 본다.
잊으려 했던 순간들,
다시 돌아가고 싶은 시간들,
그리움과 후회가 섞인 감정들이
길게 늘어진 그림자처럼 나를 따라온다.
달빛은 아무 말없이 나를 비추고,
나는 그 빛 아래서 한없이 작아진다.
그러나 어둠 속에서도 빛을 잃지 않는 달처럼
나도 이 밤을 지나 아침을 맞이할 수 있을까?
멀리서 부는 바람이 나뭇잎을 흔들고,
물결 위로 달빛이 일렁이며 속삭인다.
모든 것은 흐르고, 모든 것은 변하지만
이 순간, 달빛 아래서 나는 그대로 머문다.
그리고 조용히 기도한다.
이 밤이 지나도, 저 달이 기울어도
내 안의 작은 빛마저 사라지지 않기를.

시와 어울리는 음악을
감상하시려면?
아래 QR코드를 찍어보세요!

눈 덮인 산길

고요한 아침,
하얀 눈이 가득 쌓인 산길을 걷는다.
한 걸음 내딛을 때마다 뽀드득,
부서지는 소리가 적막한 숲에 스며든다.
어디에서도 들리지 않는 소리들이
눈 덮인 이 길 위에서만은 선명하게 울린다.
나무들은 무거운 눈을 이고 서 있고,
바람조차 조용히 멈춘 듯하다.
시간도 발걸음도 더딘 이 길에서
나는 천천히 지나온 날들을 되새긴다.
이 길을 걷기 전에도,
수많은 길을 지나왔고,
그 길마다 아픔과 기쁨이 섞여 있었지만
눈처럼 덮어버릴 수도,
발자국처럼 남겨둘 수도 없었다.
눈이 내려 모든 흔적을 덮듯이
과거의 상처도, 미련도
조용히 덮일 수 있을까?
그러나 내가 지나간 자리마다
새로운 발자국이 남겨진다.
산길 끝에 다다르면
눈부신 하늘이 펼쳐질까?
아니면 또 다른 길이 이어질까?
나는 모른다.
다만 지금은 이 길을 걷는다.
눈 덮인 산길을 따라,
고요한 시간 속으로.

시와 어울리는 음악을
감상하시려면?
아래 QR코드를 찍어보세요!

대나무 숲에서

푸른 대나무가 하늘을 향해 곧게 솟아오른 숲길,
나는 조용히 발을 들여놓는다.
바람이 스치자 잎들이 서로 부딪히며
낮고 깊은 속삭임을 나눈다.
한 걸음, 또 한 걸음,
바람이 불 때마다 숲은 흔들리지만
결코 꺾이지 않는 강인함을 품고 있다.
어떤 무게도 가볍게 흘려보내듯, 대나무들은 유연하게 몸을 맡긴다.
나는 가만히 숨을 고르고
이 고요 속에서 나 자신을 마주한다.
마음속 어지러운 생각들도
이 푸른 기운 속에서는 잔존해진다.
이 숲에서 바람은 보이지 않지만,
그 존재를 느낄 수 있듯이,
삶의 흐름도 때로는 보이지 않지만,
분명히 우리를 어디론 가 이끌고 있겠지.
빛과 그림자가 교차하는 숲길을 따라
나는 천천히 걸어간다.
대나무처럼 곧고 유연하게,
흔들려도 쓰러지지 않으며,
이 길 끝에서 다시 나아갈 힘을 얻기 위해.

시와 어울리는 음악을 감상하시려면?
아래 QR코드를 찍어보세요!

바람의 향기

어디선가 불어온 바람이
내 얼굴을 스치고 지나간다.
그 안에는 말로 다 할 수 없는
시간의 조각들이 담겨 있다.
어디서 왔는지도, 어디로 가는지도 알 수 없지만
그저 가만히 눈을 감고 숨을 들이마신다.
햇살이 머물던 들판의 온기,
비에 젖은 흙냄새의 촉촉함,
멀리서 피어난 꽃들의 은은한 향기,
그리고 누군가의 그리움까지.
바람은 보이지 않지만
그 향기로 모든 것을 말해준다.
나는 바람의 향기를 따라가 본다.
잊고 있던 기억의 조각들이 떠오르고,
지나간 계절들이 속삭이듯 스며든다.
그때 그 길, 그때 그 순간,
나는 그 바람 속에 머물러 있었다.
어느새 바람이 방향을 바꾸고,
향기는 다시 저 멀리 흩어진다.
나는 손에 쥘 수 없지만,
그 흔적은 마음 깊숙이 남아
오랫동안 나를 감싸줄 것이다.
바람은 머물지 않는다.
하지만 그 향기는,
그 느낌은,
언제나 우리 곁에 남아 있다.

시와 어울리는 음악을
감상하시려면?
아래 QR코드를 찍어보세요!

별이 뜨는 시간

어둠이 스며들고,
세상이 조용해지는 시간,
나는 하늘을 올려다본다.
낮의 소란이 모두 사라진 자리에
작은 빛들이 하나 둘 떠오른다.
별이 뜨는 시간,
우리는 어둠 속 에서야 비로소
그 빛을 온전히 바라볼 수 있다.
낮에는 가려져 밤이 되어야만
우리의 마음도
고요한 순간에 있던
것들이 모습을 드러내듯이,
그렇게 비로소 빛나는 것일까?
어디선가 불어오는 바람,
멀리서 들려오는 희미한 속삭임,
밤의 공기 속에는 보이지 않는 이야기들이 흐르고
나는 그 이야기들 사이를 조용히 거닐며,
한때 가슴에 품었던 소원들을 떠올려 본다.
별빛은 아무 말없이 내려앉고,
나는 그 빛을 가만히 손으로 담아본다.
잡을 수 없는 빛이지만,

그 존재만으로도 충분히 위로가 되는 시간.
별이 뜨는 시간,
나는 어둠을 두려워하지 않는다.
그 어둠 속에서 더욱 빛나는 것들이 있음을
이 하늘이, 이 밤이,
그리고 저 별들이 가만히 알려주고 있으니까.

시와 어울리는 음악을
감상하시려면?
아래 QR코드를 찍어보세요!

사계절의 만남

겨울이 끝나갈 무렵,
가장 차가운 바람 속에서도 봄은 조용히 깨어난다.
눈 녹은 자리마다 작은 새싹이 고개를 들고,
따스한 햇살이 창가를 어루만지며 속삭인다.
"이제 괜찮아, 다시 시작할 시간이야."
아무리 길고 깊은 겨울이라도,
언젠가는 부드러운 꽃바람에 녹아내린다고,
봄이 머물다 간 자리에는
여름이 뜨겁게 찾아온다.
강렬한 태양이 모든 것을 태울 듯 내리쬐고,
소나기가 스쳐간 뒤, 촉촉한 바람이 불어온다.
짙푸른 나무들이 하늘을 향해 손을 뻗으며 속삭인다.
"멈추지 말고, 힘껏 살아가."
시간은 머물러 주지 않으니,
이 순간을 온전히 품으라고.
여름이 지나면,
가을은 조용한 발걸음으로 다가온다.
들판 위로 붉은 노을이 내려앉고,
낙엽들이 하나 둘 떨어지며 속삭인다.
"때로는 떠나보내는 것이 필요해."
손에 꼭 쥐고 있던 것들도

언젠가는 흩날려야 한다고.

그리고 마침내 겨울.

찬 공기가 볼을 스치고,

첫눈이 소리 없이 내린다.

하얗게 덮인 세상 속에서

겨울의 바람이 마지막 속삭임을 전한다.

"쉬어도 괜찮아, 다시 올 계절을 기다리며."

모든 것이 멈춘 듯 보이지만,

그 안에서도 새로운 시작이 자라고 있다고.

이렇게 사계절은

우리 곁을 스쳐가며 말없이 속삭인다.

변하지 않는 것은 없지만, 그 흐름 속에서도 우리는 살아간다고.

시와 어울리는 음악을
감상하시려면?
아래 QR코드를 찍어보세요!

6장.
천년의 집

비가 내리고 번개가 치더라도

여기서는 안식을 찾을 수 있어

쉬지 않고 꾸며가는 집

남들은 말한다

언제 준공이냐고

천년의 집

그 이름을 담아, 나의 마음도 영원히 기억될 곳이다

시간의 향기

어디선가 흘러온 바람이
낡은 창가를 스치고 지나간다.
그 바람 속에는 보이지 않는 것들이 담겨 있다.
오래된 기억의 조각들,
지난 계절이 남긴 흔적들,
그리고 아직 오지 않은 날들의 기운까지.
시간은 흐르지만, 사라지지 않는다.
어떤 날의 햇살은 따스한 향기가 되어
어깨 위에 조용히 내려앉고,
어떤 날의 빗방울은 촉촉한 냄새로
마음 깊은 곳까지 스며든다.
나는 가끔 그 향기에 기대어
지나간 순간을 떠올린다.
그때의 공기,
그때의 바람,
그때의 말들.
시간이 흩어놓은 것들이
향기처럼 은은하게 되살아난다.
하지만 시간의 향기는
언제나 과거에만 머무르지 않는다.
새로운 계절이 오면,

또 다른 향기가 우리를 감싸고,
우리는 그 속에서 다시 길을 찾는다.
어디로 가야 할지 모를 때에도,
어떤 길을 선택해야 할지 망설일 때에도,
시간의 향기는 우리에게 속삭인다.
멈추지 말고, 천천히 나아가라고.
모든 순간은 지나가지만,
그 향기는 결국 마음에 남아
우리의 길을 비춰 줄 것이라고.

시와 어울리는 음악을
감상하시려면?
아래 QR코드를 찍어보세요!

지나간 자리

바람이 지나간 자리에는
잎사귀가 흔들리고,
비가 지나간 자리에는
촉촉한 향기가 남는다.
누군가 머물렀던 자리에는
따뜻한 온기가 스며 있고,
누군가 떠난 자리에는
조용한 공허가 남아 있다.
나는 오늘,
내가 지나온 길을 돌아본다.
발걸음마다 남겨진 흔적들,
머물렀던 순간의 기억들,
그리고 손끝에서 흩어진 시간들.
그 모든 것들이 바람처럼 사라진 줄 알았지만,
어딘 가에는 여전히
희미한 그림자로 남아 있을지도 모른다.
한때는 익숙했던 거리,
자주 머물던 그 자리,
웃음소리와 대화가 머물던 공간들.
지금은 낯설어진 그곳을 지나며,
나는 스스로에게 묻는다.

"나는 어디로 가고 있는 걸까?"
지나간 자리마다 남겨진 흔적들이
결국 나를 만들었고,
그 길 위에서 나는 변해왔다.
떠나온 자리, 떠나 보낸 순간,
모든 것들이 나를 밀어
다시 앞으로 나아가게 한다.
어쩌면 우리는 모두
누군가의 지나간 자리일지도 모른다.
하지만 바람이 스친 나뭇잎처럼,
우리도 서로의 삶에 흔적을 남기며
조용히 다음 계절로 흘러간다.
묵묵히, 한 걸음
길은 늘 앞에 있고,
나는 조용히 걸음을 내디딘다.
어디로 가는지 정확히 알지 못해도,
그저 한 걸음,
그리고 또 한 걸음.
바람이 부는 날에도,
비가 내리는 날에도,
햇살이 눈부시게 내리쬐는 날에도,

나는 멈추지 않는다.
때로는 천천히,
때로는 힘겹게,
그러나 끝내 앞으로 나아간다.
길 위에는 수많은 흔적들이 남아 있고,
누군가는 먼저 지나갔고,
누군가는 함께 걸어가고 있지만,
결국 나의 길은, 내가 만들어가야 하는 것.
넘어질 수도 있다.
잠시 멈출 수도 있다.
그러나 그 순간조차도
길의 일부일 뿐.
다시 일어나고, 다시 걸으면,
또 다른 풍경이 기다리고 있을 테니.
어디로 가야 할지 모를 때에도,
불안함이 마음을 덮어올 때에도,
나는 스스로에게 말한다.
"묵묵히, 한 걸음.
그게 곧 길이 될 테니."
그리고 다시,
나는 한 걸음을 내디딘다.

시와 어울리는 음악을
감상하시려면?
아래 QR코드를 찍어보세요!

다시 찾은 나

어느 날 문득,
거울 속의 나를 바라본다.
익숙하지만 낯선 얼굴,
수많은 시간과 감정이 스며든 눈빛.
나는 얼마나 멀리 떠나왔던 걸까?
어디까지 흘러가 버린 걸까?
살아가는 동안
나는 나를 잃어버리고,
남들의 기대 속에서 흔들리고,
어디에도 온전히 닿지 못한 채
그저 흘러가는 강물처럼 떠다녔다.
그러나 바람이 지나가고,
시간이 지나가고,
고요 속에서 문득 깨닫는다.
나는 여전히 여기 있고,
내 안에는 아직도
내가 살아 숨 쉬고 있다는 것을.
다시 찾은 나.
과거의 그림자에 가려졌던 나,
잊어버린 꿈을 간직했던 나,
조용히 속삭이듯 희미하게 남아 있던 나.

그 모든 조각들을 다시 모아,
나는 나를 되찾는다.
완벽하지 않아도 괜찮아.
넘어졌던 날들도,
눈물로 젖었던 밤들도,
모두 나의 일부였으니까.
그 모든 날들을 지나?
나는 다시 나를 찾는다.
이제는 내가 나에게 말한다.
괜찮아, 천천히 가도 돼.
네가 원하는 길로, 네가 원하는 모습으로,
그리고 다시, 나는 나 자신으로 걸어간다.

시와 어울리는 음악을
감상하시려면?
아래 QR코드를 찍어보세요!

고요 속에서

세상이 조용해지는 순간,
나는 고요 속으로 걸어 들어간다.
소음이 사라진 공간,
멈춰 있는 듯한 시간,
그 안에서 비로소 들리는 소리들이 있다.
나뭇잎이 미세하게 흔들리는 소리,
바람이 벽을 스치며 흘러가는 소리,
멀리 어디선가 한 마리 새가
날갯짓하며 지나가는 소리.
그러나 무엇보다도,
나는 내 안의 목소리를 듣는다.
늘 바쁘게 흘러가는 시간 속에서
나는 얼마나 많은 것들을 놓쳐왔을까?
얼마나 많은 말들을 삼키고,
얼마나 많은 감정들을 묻어두었을까?
그러나 이 고요 속에서는
그 모든 것들이 하나씩 떠오른다.
기억 속에 남아 있던 순간들,
잊었다고 생각했던 감정들,
그리고 차마 말하지 못했던 이야기들.
그것들은 조용히 나를 감싸고,

나는 마침내 그것들과 마주한다.
고요는 공허함이 아니다.
내면의 대화이며,
쉼표이며,
우리에게 건네는 작은 선물이다.
그 속에서 나는 나를 다시 찾고,
다시 앞으로 나아갈 힘을 얻는다.
세상이 다시 소란스러워질 때쯤,
나는 조용히 속삭인다.
"고요 속에서, 나는 나를 만났다."

시와 어울리는 음악을
감상하시려면?
아래 QR코드를 찍어보세요!

오늘을 산다

어제의 그림자는 길게 드리워지고,
내일의 바람은 아직 불어오지 않았다.
나는 오직 오늘, 이 순간을 살아간다.
지나간 시간 속에서
놓쳐버린 것들을 후회하지 않고,
다가오지 않은 미래 앞에서
두려움에 머물지 않는다.
지금 이곳에서,
나의 숨결이 닿는 이 순간을
온전히 느끼며 살아간다.
햇살이 창가를 어루만지고,
바람이 지나간 자리에 꽃향기가 스며든다.
나무는 말없이 서서
그 자리에서 하루를 채우고,
강물은 머물지 않고 흘러가며
순간을 온전히 껴안는다.
나는 오늘을 걷는다.
빠르지 않아도 괜찮고,
때론 멈춰 서도 괜찮다.

중요한 건,

어제에 머물러 있지 않고

내일에 휘둘리지 않는 것.

오늘을 산다.

지금 이 순간을 살아간다.

내가 존재하는 이 시간 속에서

가장 나 다운 나로,

가장 충실한 하루를 만들어간다.

시와 어울리는 음악을
감상하시려면?
아래 QR코드를 찍어보세요!

존재의 의미

나는 누구인가?
어디에서 왔으며,
어디로 가고 있는가?
시간 속을 떠도는 하루하루 속에서
나는 내 존재의 의미를 찾는다.
누군가는
삶을 빛처럼 살아가고,
그림자처럼 스며든다.
거센 바람처럼 흔들리고, 고요한 강물처럼 흘러간다.
그 속에서 나는
어떤 모습으로 이 세상을 살아가고 있을까?
세상이 던지는 수많은 질문 속에서
나는 답을 찾으려 애쓰지만,
때론 질문 그 자체가
내 존재의 이유가 되기도 한다.
의미는 멀리 있는 것이 아니라,
내가 살아가는 이 순간순간 속에
이미 깃들어 있는지도 모른다.
누군가의 작은 미소 속에,
지나가는 바람의 속삭임 속에,
아침을 깨우는 햇살 속에,

그리고 내 안에 조용히 자리 잡은
소소한 기쁨 속에,
나는 존재한다.
완벽하지 않아도, 흔들려도,
때로는 길을 잃어도.
그 모든 순간이 모여
나를 이루고,
나의 의미를 만들어 간다.
의미는 찾는 것이 아니라,
살아가는 것.
나는 오늘도, 내 존재의 의미를 새기며
이 길을 걸어간다.

시와 어울리는 음악을
감상하시려면?
아래 QR코드를 찍어보세요!

소박한 기쁨

어디선가 부는 바람이 뺨을 스칠 때,
창가로 스며든 햇살이 나를 어루만질 때,
나는 조용히 미소 짓는다.
거창한 것도, 특별한 것도 아니지만,
이 작은 순간이 나를 따뜻하게 감싸 안는다.
갓 내린 커피 한 잔의 향기,
오래된 책장 속에서 발견한 낡은 편지,
바쁜 하루 속에서 우연히 마주한 평온한 오후.
그 소소한 순간들이
마음속 깊은 곳에서 나를 위로한다.
누군가의 진심 어린 인사,
손끝에서 전해지는 따뜻한 온기,
눈부신 노을 아래에서 잠시 멈춰 선 시간.
그 순간순간 속에서,
나는 삶의 작은 기쁨을 발견한다.
세상은 늘 바쁘게 흘러가고,
끝없는 목표와 바람 속에서
우리는 더 많은 것을 원하며 달려가지만,
어쩌면 가장 빛나는 행복은
그저 평범한 날들 속에
소박하게 숨어 있는지도 모른다.

나는 오늘,
조용한 바람을 느끼며,
소소한 웃음을 나누며,
작은 행복을 곱씹으며 살아간다.
그렇게, 아주 소박한 기쁨 속에서
진짜 삶을 만나고 있다.

시와 어울리는 음악을
감상하시려면?
아래 QR코드를 찍어보세요!

세월의 선물

세월은 바람처럼 스쳐 지나가지만,
그 지나간 자리마다 작은 선물을 남긴다.
어릴 적 손에 쥐었던 조그만 꿈,
청춘의 불꽃 속에서 타올랐던 순간들,
그리고 지금 내 두 손에 남겨진 것들, 처음엔 보이지 않았다.
시간이 지나야만 알게 되는 것들이 있었고,
많은 것을 잃고 나서야
비로소 내게 남은 것들의 소중함을 깨달았다.
세월은 내게 묻지도 않고
조용히 스며들어 나를 변화시켰지만,
그 변화 속에서 나는 조금씩 단단해졌다.
어느새 주름진 손끝에서 수많은 이야기들이 흘러나오고,
지나온 시간 속에서 쌓인 기억들은 가장 따뜻한 선물이 되었다.
어떤 날의 눈물도, 어떤 날의 웃음도,
모두 나를 이루는 조각이 되었고, 그 조각들이 모여 지금의 내가 되었다.

시와 어울리는 음악을
감상하시려면?
아래 QR코드를 찍어보세요!

길을 돌아보는 여유

그 모든 순간을 사랑할 수 있는 마음.
나는 안다.
세월이란 단순히 흘러가는 것이 아니라,
살아가는 것임을.
나는 오늘도 세월의 선물을 받으며
조금 더 깊어지고,
조금 더 따뜻해진다.
그렇게 시간 속에서
나는 나를 만들어 간다.

시와 어울리는 음악을
감상하시려면?
아래 QR코드를 찍어보세요!

인생의 무게

어깨 위에 내려앉은 삶의 무게,
처음에는 가벼운 줄 알았다.
두 손 가득 꿈을 쥐고,
길 위를 힘차게 달려갈 때는
그 무게가 느껴지지 않았다.
그러나 시간이 흐르고,
하나 둘 삶의 짐이 더해질 때,
나는 비로소 알게 되었다.
기쁨만큼이나 슬픔이 있고,
성공만큼이나 실패가 있으며,
만남이 있는 만큼 헤어짐도 있다는 것을.
가끔은 너무 무거워
걸음을 멈추고 싶을 때도 있었고,
포기하고 싶은 순간도 있었다.
그러나 멀리서 불어오는 바람처럼
삶은 계속해서 나를 앞으로 밀어갔다.
무게는 단순히 짐이 아니다.
그 안에는 지나온 시간들이 있고,
겪어온 아픔이 있으며,
그럼에도 불구하고 걸어온 발자국들이 새겨져 있다.
때로는 힘들지만,

그 무게가 있기에 나는 단단해지고,

그 무게가 있기에 나는 깊어진다.

인생의 무게를 가볍게 할 수는 없지만,

그 무게를 안고도 걸어갈 수 있다.

가끔은 쉬어 가도 괜찮고,

때로는 내려놓아도 괜찮다.

중요한 것은 멈추지 않는 것,

내가 가야 할 길을 끝까지 걸어가는 것.

오늘도 나는

이 무게를 짊어진 채,

천천히, 그러나 묵묵히

내 삶을 살아간다.

행복은 어디에

행복은 어디에 있는 걸까?

먼 곳을 바라보면 닿을 수 있을까?

손을 뻗으면 잡을 수 있을까?

언제나 더 나은 내일을 꿈꾸며 달려가지만,

막상 멈춰 서면

행복은 늘 저만치 앞서 가고 있었다.

높은 산을 오르면 정상에 있을까?

넓은 바다를 건너면 저편에 있을까?

사람들은 더 많은 것,
더 좋은 것을 찾아 헤매지만,
정작 행복은
그 길 위에서 조용히 기다리고 있었다.
어쩌면 행복은
우리가 스쳐 지나간 순간 속에 있었는지도 모른다.
따뜻한 차 한 잔의 온기 속에,
창밖으로 스며든 햇살 한 줌 속에,
누군가의 다정한 인사 속에,
소소한 웃음 속에.
행복은 거창한 것이 아니라
지금 이 순간,
내가 살아 숨 쉬는 바로 이곳에 있다.
비록 때로는 힘들고,
때로는 흔들릴지라도,
오늘을 살아가는 이 순간이
이미 충분히 소중하다는 것을.
나는 이제 안다.
행복은 먼 곳에 있는 것이 아니라,
바로 여기,
내 곁에 머물고 있다는 것을.

그리고 그것을 느낄 수 있을 때,

비로소 나는, 진짜 행복을 만나게 된다는 것을.

시와 어울리는 음악을
감상하시려면?
아래 QR코드를 찍어보세요!

삶이 주는 교훈

삶은 때때로 조용히,
때로는 거칠게 우리를 가르친다.
기쁨과 슬픔을 함께 안겨주며,
성공과 실패를 오가게 하며,
넘어지고 다시 일어서는 법을 익히게 한다.
어릴 적에는 몰랐다.
길은 언제나 곧게 뻗어 있을 거라고,
꿈꾸는 대로 이루어질 거라고 믿었다.
그러나 시간이 흐르며 깨닫는다.
삶이란 기대한 대로 흘러가는 것이 아니라,
예기치 못한 방향으로 나아가는 것임을.
때로는 최선을 다해도
모든 것이 내 뜻대로 되지 않을 때가 있고,
아무리 노력해도
결과가 보이지 않을 때도 있다.
하지만 삶은 말한다.
그럼에도 불구하고 계속 걸어가라,
슬픔 속에서도 빛은 존재하고,
고통 속에서도 배울 것이 있으며,
실패는 끝이 아니라
더 단 단해지는 과정임을.

삶은 우리에게 묻는다.

너는 얼마나 단 단해질 준비가 되었는가?

때로는 내려놓는 것이

붙잡는 것보다 더 용기 있는 일임을,

때로는 기다리는 것이

달려가는 것보다 더 지혜로운 일임을.

삶은 천천히, 그러나 분명하게

우리에게 가르쳐 준다.

우리는 모두 삶의 학생이고,

삶은 끝없이 새로운 교훈을 주지만,

그 속에서 배우고 성장하는 것이

우리가 살아가는 이유일지도 모른다.

그러니 오늘도,

삶이 주는 교훈을 마음에 새기며

조금 더 단단한 나로,

조금 더 깊어진 나로,

다시 한 걸음을 내딛는다.

시와 어울리는 음악을
감상하시려면?
아래 QR코드를 찍어보세요!

추억이란 이름의 책

나는 한 권의 책을 펼친다.
시간이 켜켜이 쌓여 낡아버린 페이지,
손때 묻은 모서리마다
지난날의 기억들이 조용히 숨 쉬고 있다.
첫 장을 넘기면,
햇살이 가득했던 어린 날의 웃음소리가 들린다.
흙 길을 맨발로 뛰어다니던 발자국,
엄마의 따뜻한 손길, 바람에 실려온 꽃내음까지.
모든 것이 선명하게 남아
책장 사이에서 나를 부른다.
조금 더 넘기면, 설렘과 아픔이 공존했던 청춘이 펼쳐진다.
두근거리던 첫사랑,
눈물로 채워졌던 밤,
혼자만의 방 안에서
끝없이 고민했던 날들.
그 순간들은 흩어진 듯하지만,
책 속에는 여전히 살아 있다.
어느새 책장은 점점 두터워지고,
삶의 무게만 큼이나, 추억도 깊어진다.
소중한 사람들 과의 이별,
견뎌야 했던 시간들,

그럼에도 불구하고 피어났던 작은 희망들.
그 모든 순간들이 쌓여
이 책을 더욱 의미 있게 만든다.
그리고 나는 오늘,
이 책의 새로운 페이지를 채운다.
어떤 날은 기쁨으로,
어떤 날은 아픔으로,
그러나 모든 순간이 지나고 나면
또 하나의 소중한 추억이 된다.
추억이란 이름의 책은
멈추지 않고 계속 써 내려가야 한다.
언젠가 먼 훗날,
이 책을 다시 펼칠 때,
나는 오늘을 어떻게 기억하게 될까?
그래서 나는,
이 순간을 더 소중히 살아간다.
추억이란 이름으로, 또 하나의 페이지를 채우며.

시와 어울리는 음악을
감상하시려면?
아래 QR코드를 찍어보세요!

침묵 속의 대화

말없이 마주한 순간,
우리는 서로를 바라본다.
아무런 소리도 없지만,
그 침묵 속에서 더 많은 것들이 흐른다.
때로는 말보다 더 깊이,
침묵이 전하는 사람도 있다
눈빛 하나에,
숨결 사이에,
함께한 시간 속에 스며든 말들.
함께 걸었던 길 위에서,
서로의 어깨를 나란히 기댔던 순간 속에서,
우리는 소리 없는 대화를 나누고 있었다.
"괜찮아?"라고 묻지 않아도,
"나는 네 곁에 있어."라고 말하지 않아도, 우리는 이미 알고 있었다.
침묵 속에서는 지로 꾸밀 필요도, 무엇을 증명할 필요도 없다.
그저 그대로, 있는 그대로의 마음이 용히 흐를 뿐이다.

시와 어울리는 음악을
감상하시려면?
아래 QR코드를 찍어보세요!

늦가을로 접어든 나

이른 새벽,
길게 늘어진 그림자 사이로
고요히 맞이하는 칠순의 아침.
시간이 흘러도 변함없는
새벽 공기의 차가운 감촉,
그러나 내 마음은
이제는 익숙한 온기로 가득하다.
젊은 날이 있었다.
거친 바람 속을 헤치며
불꽃처럼 뜨겁게 살던 시절,
어디로든 달려갈 수 있을 것 같았던
푸르렀던 날들이 있었다.
그때는 알지 못했다.
시간이 이렇게나 빠르게
손끝에서 스며 나갈 줄은.
중년의 시간이 있었다.
책임이란 단어를 등에 지고
자식들을 바라보며,
가족을 지키며,
때로는 넘어지고, 때로는 견디며
살아온 세월.

돌아보니 어느새
아이들은 어른이 되었고
내 어깨에는 흰 눈이 내렸다.
그리고, 지금 나는 여기에 있다.
칠순의 아침,
지난날의 발자국을 되짚으며
조용히 미소 짓는다.
이제는 서두르지 않아도 된다.
바람이 부르면 귀 기울이고
꽃이 피면 한참을 바라보리라.
남은 길이 어디로 이어지든
그저 따스한 걸음으로 걸어가리라.
칠순의 아침,
긴 세월을 품고
나는 다시, 하루를 시작한다.
세월은 강처럼 흐르고
그 강 위에는 수많은 나날이 흘렀다.
바쁜 걸음으로 지나쳤던 풍경들,
돌아보니 모든 것이 소중했다.
그날의 눈물도,
그날의 웃음도,

그날의 다짐도,
모두 내 삶의 일부였음을.
이제는 조급하지 않다.
가야 할 길이 멀지 않음을 알기에
한 걸음, 한 걸음
느긋한 마음으로 걸어가려 한다.
길가에 핀 작은 들꽃에게도 인사하고,
지나는 바람에게도 안부를 묻고,
해질녘 붉게 물든 하늘을
가만히 올려다보리라.
칠순의 아침,
내 마음속 깊은 곳에서
잔잔한 노래가 들려온다.
지난 세월이 불러주는
그리움의 멜로디,
그리고 남은 날들이 속삭이는
희망의 멜로디.
나는 오늘도,
그 노래를 들으며
또 한 걸음을 내딛는다.

시와 어울리는 음악을
감상하시려면?
아래 QR코드를 찍어보세요!

내 안의 봄

긴 겨울을 지나?
차가운 바람이 서서히 물러가고
내 안에도 봄이 찾아온다.
어느새 들리는 새들의 노래,
살며시 움트는 작은 꽃봉오리,
나도 모르게 가벼워진 걸음걸이.
봄은 그렇게,
소리 없이 내 안으로 스며든다.
오랜 시간 나는 겨울 속에 있었다.
차가운 바람을 견디며, 고요한 적막 속을 걸었다.
잃어버린 것들을 떠올리며
되찾을 수 없는 것들을 애도하며
그렇게 겨울을 지났다.
그러나 봄은 언제나 그러했듯, 잎을 틔울 준비를
꽃을 피울 용기를
내 안의 얼어붙은 마음을 녹여준다.
내 안에도 꽃이 핀다.
세월의 풍파를 견디고,
흔들렸던 날들을 지나?
이제야 피어나는 희망의 꽃.
예전처럼 화려하지 않아도 좋다.

작고 수수해도 괜찮다.
이 꽃은 내가 살아온 모든 시간과
내가 버텨온 모든 날들이
어우러져 피운 것이기에.
봄이 내 안에 머문다.
따스한 햇살이 스며들고
사랑이는 바람이 속삭인다.
삶은 여전히 흐르고,
시간은 멈추지 않지만, 나는 이제 서두르지 않는다.
오늘도 나는
내 안의 봄을 느끼며
조용히, 그러나 단단하게 한 걸음을 내딛는다.

시와 어울리는 음악을
감상하시려면?
아래 QR코드를 찍어보세요!

다시, 꿈을 꾼다

긴 세월을 걸어왔다.
수많은 길을 지나고
수많은 밤을 지나며
때로는 넘어지고,
때로는 멈춰 서기도 했다.
젊은 날의 꿈들은
어느새 희미 해졌고,
손끝에서 흩어져 간 바람처럼
멀리 사라진 줄만 알았다.
그러나,
어느 날 문득
가슴 한쪽에서 작은 떨림이 느껴졌다.
아직 끝나지 않은 이야기, 아직 남아 있는 불씨,
아직 피어나지 못한 꽃들이
나를 부르고 있었다.
다시, 꿈을 꾼다.
무겁게 내려앉은 시간 속에서도
새로운 길은 여전히 존재하고, 내 안의 열정은
아직 완전히 식지 않았음을 깨닫는다.
이제는 서두르지 않아도 좋다.
이제는 조급하지 않아도 좋다.

한 걸음, 또 한 걸음, 천천히 나아가면 된다.
나의 꿈은 예전처럼
크고 화려하지 않아도 괜찮다.
작은 씨앗 하나를 심는 마음으로,
내 안의 불씨를 다시 피운다.
오늘도 나는 꿈을 꾼다.
바람이 불어도, 비가 내려도
나는 다시 일어나 걸어간다.
끝나지 않은 길,
끝나지 않은 희망,
그리고 다시 시작되는 나의 이야기.
이제 나는, 두려움 없이, 꿈을 꾼다.

시와 어울리는 음악을
감상하시려면?
아래 QR코드를 찍어보세요!

남은 길을 걸으며

길은 여전히 이어지고
나는 여전히 걸어간다.
뒤돌아보면 수많은 발자국,
때로는 흔들리고
때로는 멈춰 섰던 시간들.
긴 세월을 지나왔지만
아직도 가야 할 길이 남아 있다.
이제는 조급하지 않다.
빠르게 달릴 필요도,
누군가와 경쟁할 이유도 없다.
그저 내 걸음에 맞춰
천천히, 조용히 걸어갈 뿐.
남은 길 위에서 나는 묻는다.
이제 무엇을 바라보며 걸어갈 것인가?
무엇을 마음에 품고
어떤 빛을 따라 나아갈 것인가?
지나온 날들보다
앞으로 남은 날들이 적을지라도,
그 의미가 줄어든 것은 아니다.
바람이 불면 바람을 느끼고,
꽃이 피면 꽃을 바라보며,

지나는 모든 순간을
온전히 나의 것으로 만들고 싶다.
길 위에 핀 작은 들꽃도,
스치는 이름 모를 새의 노래도
이제는 놓치고 싶지 않다.
남은 길을 걸으며,
나는 한 번 더 꿈을 꾸고,
한 번 더 사랑하고, 한 번 더 감사하며 살아가리라.
그리고, 어느 날
길의 끝자락에 닿았을 때
나직이 미소 지으며 말할 수 있기를.
"참 잘 걸어왔다"고

시와 어울리는 음악을
감상하시려면?
아래 QR코드를 찍어보세요!

나의 동무

우리는 같은 길을 걸어왔지
때론 웃고,
때론 울며
서로의 어깨를 빌려주며
그렇게 하루를 채웠어.
비 오는 날엔 같은 우산 아래
햇살 좋은 날엔 같은 그림자 속에
너와 나는 언제나 함께였어.
시간이 흘러도 변치 않을 마음,
멀리 있어도 닿을 수 있는 손길,
우리의 우정은 그런 거야.
말하지 않아도 알 수 있는
눈빛 하나로 위로가 되는
그런 친구, 그런 나.
앞으로도 함께 걸어가자,
지금처럼, 변함없이.
오늘이 선물이라면
오늘이 선물이라면,
나는 천천히 포장을 열어볼 거야.
서두르지 않고, 조심스럽게, 하나하나 손끝으로 느끼면서.
햇살 한 조각, 바람 한 줄기, 커피 한 모금, 친구의 웃음.

그 모든 순간이 작은 리본처럼
오늘을 감싸고 있을 테니까.
어제의 후회도, 내일의 걱정도
오늘 앞에선 조용히 물러나고, 지금 이 순간, 숨 쉬는 이 시간이
그저 감사로 채워 지기를!
혹시라도 아픔이 스며든다 해도
그것 마저도 선물이라 여기자.
언젠가는 의미를 알게 될 테니까,
오늘이 내게 가르쳐 줄 테니까.
그러니 오늘을 가만히 껴안자.
기적처럼 주어진 이 하루를.
그 어떤 값진 것보다 소중한, 나만의 선물로 간직하자.

시와 어울리는 음악을
감상하시려면?
아래 QR코드를 찍어보세요!

웃으며 맞이하리

어둠이 길어도 새벽은 오고,
비가 내려도 해는 따나니,
나는 그 모든 순간을
웃으며 맞이하리.
바람이 거칠어도 흔들리지 않고,
길이 험해도 멈추지 않으리.
넘어지면 일어나고
흔들려도 다시 서리라.
아직 오지 않은 꿈.
나는 오늘을 채우리라
기쁨이든, 슬픔이든,
눈물 속에도 미소를 머금고,
다가올 날들을 향해
담담히, 환히 웃으리.

시와 어울리는 음악을
감상하시려면?
아래 QR코드를 찍어보세요!

새로운 시작

한 걸음을 내딛는다.
어제의 흔적을 뒤로하고,
머뭇거리던 마음을 다독이며
새로운 길 위에 선다.
낯선 바람이 스친다.
익숙했던 풍경과는 다른,
조금은 서툴고 어색한 공기.
그러나 나는 두려움 대신 설렘을 품는다.
과거의 실수는 배움이 되고,
지난날의 눈물은 단단한 뿌리가 된다.
그 모든 것이 나를 밀어 올려
더 높이, 더 멀리 나아가게 한다.
길이 보이지 않을 때도 있다.
흐린 안개 속을 걸어야 할 때도 있다.
하지만 발을 내딛는 한,
길은 스스로 만들어지는 법.
어떤 끝은 새로운 시작이고,
어떤 떠남은 더 큰 만남을 위한 것.
나는 주저하지 않으리.
나의 새로운 시작을,
기꺼이 맞이하리.

시와 어울리는 음악을
감상하시려면?
아래 QR코드를 찍어보세요!

함께 가는 길

혼자 걷는 길은 조용하지만
때때로 적막이 스며들고,
길게 뻗은 그림자 사이로
외로움이 발끝을 감싸곤 하지.
하지만 함께 가는 길은 다르다.
발걸음마다 온기가 배이고,
가끔은 천천히, 가끔은 빠르게
서로의 속도를 맞추며 걷는다.
비바람이 몰아칠 때도
누군가는 우산이 되어 주고,
넘어질 듯 휘청거릴 때도
손을 내밀어 일으켜 주는 사람들.
같이 걸으면 길이 더 넓어지고,
같이 나누면 짐도 가벼워지지.
기쁨은 배가 되고,
슬픔은 반으로 줄어든다.
앞이 보이지 않는 순간에도
믿을 수 있는 사람이 곁에 있다면
그 길은 두렵지 않다.
그 길은 언제나 희망이 된다.
오늘도 우리는 함께 걷는다.

천천히, 하지만 멈추지 않고,

같은 곳을 바라보며,

끝없는 길 위에서.

시와 어울리는 음악을
감상하시려면?
아래 QR코드를 찍어보세요!

나에게 보내는 편지

안녕, 나 자신아.
오랜만에 너에게 편지를 써본다.
늘 바쁘게 앞만 보며 달려왔지만,
한 번쯤은 멈춰 서서
너의 이야기를 들어주고 싶어.
수고했어.
때론 힘들었고, 때론 외로웠지만
그래도 포기하지 않고 여기까지 왔잖아요.
흔들리는 날에도, 넘어지는 순간에도
다시 일어나 준 너에게 고마워.
괜찮아.
완벽하지 않아도 돼.
남들과 비교하며 초조 해하지 말고,
너의 속도로, 너의 방식대로
조금씩 나아가면 돼.
기억해.
네가 걸어온 길은 헛되지 않았어.
그 모든 실수와 후회도
너를 더 단단하게 만든 시간들이야.
그러니 스스로를 미워하지 말고
지난날의 너를 다정하게 안아줘.

그리고 사랑해.
누군가에게 기대지 않아도
너 자신이 너를 사랑해줘야 해.
세상에 단 하나뿐인 소중한 존재로,
너는 충분히 빛나는 사람이야.
앞으로도 함께 걸어가자.
기쁠 때나 슬플 때나,
네 곁에서 너를 지켜 줄게.
언제나, 어디서나.

시와 어울리는 음악을
감상하시려면?
아래 QR코드를 찍어보세요!

기억과 새벽

달은 기억할 수 있을 것인가?
작은 간판 달빛 아래,
시든 잎사귀들이 내 발치에 모여들고,
바람은 신음처럼 이야기를 흩뿌린다.
기억은
옛날을 꿈꾼다.
그때의 댄서는 뭐 고,
행복이 무엇인지
나는 기억을 다시 시작하려고 합니다.
어색한 모습으로
운명처럼 스치는 경고음 중에
곧 아침이 올 것입니다.
낮이 시작되면, 나는 편지를 기다리며
새로운 삶을 끌어야 합니다.
그리고 포기하지 않습니다.
내일이 오면,
오늘 밤은 또 추억이 될 터니까요.
아침의 차갑고 칙칙한 숨결이 연기처럼 스며든다.
존재는 하나 둘 중이고,
또 다른 밤하늘에
기억과 함께하는 순간들.

태양

너는 행복해

진짜,

새로운 하루가 시작되었습니다.

시와 어울리는 음악을
감상하시려면?
아래 QR코드를 찍어보세요!

사월의 꽃 무덤

꽃을 보며 마음 아픈 사월,
먼 산의 진달래,
산 벗 꽃,
담장 너머 옆집의 배꽃을
볼 때마다 마음 저편의 아픔이 주려옵니다.
새봄이 왔다고.
사람들은 샛노랗게 번져오는 봄날을 노래합니다.
감정마저 찾을 수 없을 만큼,
봄날을 이렇게 꽃 무덤 속에 묻어줍니다.
진달래 그리 움처럼 피지 말고,
백목련 눈물처럼 피지 말아야 합니다.
아픔 같은 개나리도 피지 말아야 합니다.
한 시절을 꽃물들이듯 피어나도,
날개 꺾인 종다리,
날지 못하니?

시와 어울리는 음악을
감상하시려면?
아래 QR코드를 찍어보세요!

녹차 밭에서

소박한 한 가운데에서 작은 녹차 잎이
향긋하게 피어난다.
이 순간, 시간은 느리게 흐르고,
나는 차의 향기를 마음껏 느끼고 싶다.
천천히 잎을 골라내어 찻잎에 감싸 물을 붓는다.
향기가 공간을 가득 채우며,
차 한잔이 은은한 여유를 선사한다.
뜨거운 물이 잎을 만나면 조용히 푸르스름한 색이 번져간다.
그 시간이 내게 주는 명상의 순간
내 안의 마음을 평화롭게 만든다.
녹차를 만들며, 나는 시간을 가늠한다.
잠시 멈추고 차 한잔의 여유를 즐기며
일상의 바쁨을 잠시 잊을 수 있는 공간을 찾는다.
녹차는 더 이상의 말이 필요 없는 정성과 아름다움의 향기이다.
나는 이 순간을 소중히 여기며, 녹차를 만들며
내 안의 평화를 찾는다.

시와 어울리는 음악을
감상하시려면?
아래 QR코드를 찍어보세요!

마음 비워내기

한낮 햇살 아래,
나는 마음을 비워낸다.
먼저 한숨을 쉬고,
모든 생각을 접어두고.
마음 깊숙이 흐르는 강물처럼,
내 안의 모든 부정적인 감정을
한 방울씩 풀어낸다.
그리고 나서는 고요한 숲길을 걸으며,
나 자신과 조용한 대화를 나눈다.
마음을 비워내는 것은
눈부신 별들과 함께 하늘을 바라보며,
새로운 희망을 안고 다가오는 것이다.
마음을 비워내면서,
나는 세상의 모든 아름다움을
또 다시 발견할 수 있을 것이다.

시와 어울리는 음악을
감상하시려면?
아래 QR코드를 찍어보세요!

이승에서 저승으로

바람이 잦아들고
햇살이 저물어 가면
나는 조용히 길을 나서리라.
낯익은 세상을 뒤로하고
아무도 모르는 강을 건너리라.

발길 닿는 곳마다
추억이 흩어지고
손끝 스치는 공기마다
그리움이 녹아들지만,
나는 머뭇거리지 않으리.

저승으로 가는 길은
고요한 달빛이 인도하고,
강물은 말없이 흐르며
모든 것을 감싸 안으리.

슬픔도, 기쁨도
이제는 부질없어라.
나는 가볍게 떠나리니,
마치 한 조각 구름이
바람을 따라 흩어지듯이.

시와 어울리는 음악을
감상하시려면?
아래 QR코드를 찍어보세요!

삶의 끝자락

한 생이 저물어 가는 저녁,
길게 드리운 그림자 속에서
나는 조용히 돌아본다.
걸어온 길, 스쳐간 얼굴들,
그리고 가슴에 남은 작은 온기들.

꽃은 피어나고,
바람은 스쳐 갔으며,
시간은 한 번도
나를 기다려주지 않았구나.

잡으려 하면 흘러가고
놓으려 하면 머무는 것,
삶이란 결국
한 조각 노을 같은 것이었네.

이제 모든 짐을 내려놓고
마지막 노래를 읊조리며
나는 바람처럼 가려 한다.
어디에도 머물지 않고
모든 곳에 남을 수 있도록.

시와 어울리는 음악을
감상하시려면?
아래 QR코드를 찍어보세요!

소유의 그림자

손에 쥐면 사라지고
놓으면 머무는 것,
소유란 잡힐 듯 잡히지 않는
바람 같은 것이네.

더 가지려 할수록
마음은 무거워지고,
비울수록
길은 가벼워지네.

집을 소유했으나
평안을 얻지 못하고,
시간을 가졌으나
한순간도 내 것이 아니네.

가장 소중한 것은
결국 손에 잡히지 않는 것,
한줄기 햇살, 한 모금 바람,
그리고 나누는 마음뿐이라네.

그래서 나는
가지는 대신 흐르고,
소유하는 대신 머무르며,
무엇도 내 것이라 하지 않는 자유를 꿈꾸네.

시와 어울리는 음악을
감상하시려면?
아래 QR코드를 찍어보세요!

생각의 길

생각은 바람처럼 스치고
물결처럼 번져가네.
잡으려 하면 흩어지고
놓아두면 깊어지는 것.

어떤 생각은 꽃이 되어 피고
어떤 생각은 가시가 되어 찌르며
때로는 나를 감싸 안고
때로는 나를 멀리 밀쳐내네.

생각이 깊으면 길이 보이고
생각이 맑으면 마음이 쉬며
생각이 많으면 구름이 되고
생각이 없으면 하늘이 되네.

그래서 오늘 나는,
생각을 바라보는 생각 속에서
한 걸음 물러서서
고요히 흐르는 강이 되어 본다.

시와 어울리는 음악을
감상하시려면?
아래 QR코드를 찍어보세요!

현봉방장스님

그는 산처럼 묵묵하였고
바람처럼 다정하였다.
높은 법당의 불빛이 아니라
길가에 핀 들꽃 같은 스님이었다.

누군가 찾아오면
그는 친구처럼 맞이하고,
누군가 떠나면
그는 고요히 손을 흔들었다.

법을 설하되 소리 높이지 않았고,
자비를 실천하되 자취를 남기지 않았다.
그는 가르쳤다,
살아 있는 모든 순간이 곧 수행임을.

그리하여 스님이 떠난 자리엔
슬픔이 아니라 따뜻한 바람이 돌고,
그가 남긴 길 위에는
오늘도 우리 발걸음이 머문다.

봄, 송광사의 산사에서
그는 조용히 한 생을 접었지만,
그의 향기는
이제 온 누리에 스며드네.

시와 어울리는 음악을
감상하시려면?
아래 QR코드를 찍어보세요!

석양의 이별

붉게 물든 하늘 아래
바람은 조용히 속삭이고
그대와 나, 그림자처럼
긴 이별을 맞이하네.

노을은 마지막 인사를 건네고
눈물처럼 떨어지는 햇살
우리의 시간도 저녁처럼
천천히 사라져 가네.

손끝에 스친 따스함도
이젠 바람이 가져가겠지
그러나 기억은 남아
별빛으로 반짝이겠지.

안녕, 그러나 영원한 안녕은 아냐
저 석양이 다시 떠오르듯
우리의 이야기도
어딘가에서 계속될 테니.

시와 어울리는 음악을 감상하시려면?
아래 QR코드를 찍어보세요!

새로운 세상을 향하는 제자들

네 계절이 네 번 지나
햇살처럼 빛나는 얼굴들,
오늘, 드디어 그날이 왔구나.

책 속에서 길을 찾고
토론 속에서 답을 구하며
때로는 넘어지고, 때로는 웃으며
함께한 날들이 스쳐 지나간다.

이제 너희는 새로운 길 위에 선다.
두려움보다는 희망을,
망설임보다는 용기를,
그리고 무엇보다도 너 자신을 믿어라.

세상은 너희의 걸음을 기다린다.
너희의 빛나는 미래가
이 강단을 넘어 더 넓은 세상으로 퍼지기를.

사랑한다, 그리고 축하한다.
오늘, 너희의 첫걸음에 박수를 보낸다.

시와 어울리는 음악을
감상하시려면?
아래 QR코드를 찍어보세요!

보람과 가치

하루를 마치고 창가에 앉아
조용히 흘러간 시간을 되새긴다.
손끝에 남은 땀방울,
마음속 깊이 스며든 온기.

작은 일이라 하여도
누군가의 미소가 되어 돌아오고,
흘린 땀이 땅에 닿아
새로운 싹을 틔우는 것처럼.

가치는 눈에 보이지 않지만
마음속 깊이 자리하고,
보람은 순간의 기쁨이 아니라
지나온 길 위에 빛나는 흔적.

남긴 말보다 실천이 더 깊고,
빠른 길보다 바른 길이 더 단단하다.
오늘도 한 걸음, 한 순간,
내 삶의 의미를 찾아간다.

시와 어울리는 음악을
감상하시려면?
아래 QR코드를 찍어보세요!

목련 꽃 당신

어젯밤에 하얀 함박눈이 되어
어제보다 더 악써온 당신은
내일의 거울 앞에 서 있습니다.
사랑을 우체부로
긴 겨울을 전달하고,
이루어야 할 소망을 켜면서
연무처럼 하늘에서 내려왔던 당신.
참으로 순수하고
우아했던 그 모습이
목련 꽃으로 피어서 면
내 외로움은 한 묶음 갇혀
까만 밤하늘에 별이 됩니다.
삶의 긴 여정에서
오랫동안 아픔을 견디고,
안으로 빗장을 걸어 잠그고
마지막 남은 꽃잎처럼
혼자서 겨울을 향해 가는 당신은
참으로 고요한 바보였습니다.
모래알 같은 연등을 엮어
꽃잎이 되어 저버리면
내일의 하늘 달처럼

홀로 살아가야 한다는 것을
생전에 못 다한 의무가
왜 그리 봄 먼지처럼 쌓인 것인지.
거미줄 같은 날들이
인연이라는 묶음으로
끝나지 못하는 것처럼
천년의 기다림이 되어
눈물만 이리 흘러내립니다.

시와 어울리는 음악을
감상하시려면?
아래 QR코드를 찍어보세요!

갈매기의 꿈

바다 위를 나는 갈매기를 모처럼 보았습니다.
포르르 날아들어 고깃배를 따라 마중을 가는지,
부지런히 움직이는 어부처럼 행동하는
갯마을의 갈매기 군단.
목포 앞바다 고화도를 바라보며
옛 생각에 잠시 회상을 했습니다.
그저 넉넉한 마음 종교처럼 믿었던
내 마음속의 행동 지침,
지난날의 나를 보고 웃고 있었습니다.
그리고 뒷개 갈매기 파도 타는
아득한 수평선의 끝자락,
해 졸음에 실려 오는 비릿한 슬픔.
아, 눈을 감으며 아련한 그리움의 저쪽,
유년의 기억 끄트머리에서
아름다웠던 옛날의 영상을 갖고 있었습니다.
묽은 안개처럼 피어오른 그 슬픔을.
목포 앞 바다를 통해 볼 수 있어서 좋았습니다.
좋은 사람, 좋은 마음, 좋은 기쁨을
함께하면 좋겠습니다.
오늘은 몇 일 남지 않은 팔월을 보내며
구월을 생각합니다.

시와 어울리는 음악을
감상하시려면?
아래 QR코드를 찍어보세요!

부추 꽃 사랑

초록빛 물든 들판에
작고 소박한 부추 꽃 피어나네
바람에 사랑이며 속삭이는
작은 꽃잎들의 순수한 사랑
나지막이 피어나는 하얀 꽃송이
소박한 향기로 마음을 물들이네
푸른 이파리 사이로 숨은 마음
부끄러이 피어나 눈길을 사로잡네
꽃잎은 바람에 흩날리고
작은 사랑도 그리움에 흔들리네
숨겨둔 마음을 알아줄까요?
한결같이 기다리는 그 사랑처럼
순수한 부추 꽃 사랑
눈부신 그날의 기억
우리 마음을 사로잡네

시와 어울리는 음악을
감상하시려면?
아래 QR코드를 찍어보세요!

빈 가슴

웃고 있어도 눈물이 난다
웃음이 입가에 머물면서도,
눈물은 조용히 새어나 온다.
내 안의 감정의 파도가
상처와 기쁨을 번갈아 안고 있다.
웃음은 외로움을 감추기 위한 가면처럼,
눈물은 진실된 내 마음의 속삭임이다.
내 안의 갈등과 불안이, 하나의 순간에 공존한다.
하지만 그 두 감정의 사이에서도,
나는 나 자신을 찾아가며
진정한 나의 감정을 받아들인다.
웃고 있어도 눈물이 난다는 것은,
삶이 무거운 순간에도
내 내면의 희망을 잃지 않는다는 증거이다.
그래서 나는 웃음과 눈물을 함께 품으며,
더 나아가는 길을 걸어간다.

시와 어울리는 음악을
감상하시려면?
아래 QR코드를 찍어보세요!

산다는 것

산다는 것은
아침에 눈을 뜨고
첫 번째 숨을 쉬는 것이다.
새벽의 침묵 속에서
잠자리를 벗어나는 순간,
삶의 출발을 알리는 것이다.
산다는 것은
낮에는 햇살을 받고
꿈을 꾸며 나아가는 것이다.
땅 속 깊이 자리한 뿌리처럼
매 순간 성장하고 변화하는 것이다.
산다는 것은
밤에는 별들을 보며
마음의 여유를 채우는 것이다.
잠이 들기 전에는
자신의 흔적을 되새기고 반성하는 것이다.
산다는 것은
삶의 갈등과 시련을 극복하며
내면의 평화를 찾아가는 것이다.
끊임없이 새로워지며
마주하는 모든 순간을 소중히 여기는 것이다.

산다는 것은
사랑과 용서의 길을 걸어가며
서로를 이해하고 받아들이는 것이다.
순간순간을 사는 것,
그리고 고마움을 잊지 않는 것이다.
산다는 것은
이 순간을 살아가는 것,
끝없는 학습과 성장의 여정을 함께하는 것이다.

시와 어울리는 음악을
감상하시려면?
아래 QR코드를 찍어보세요!

선택과 책임

갈림길 앞에 선 발걸음
그 길은 어디로 향할지 몰라도
내 손에 쥔 선택의 열쇠는
언제나 무거운 책임을 동반하네.
햇살이 가득한 길일까?
어두운 골목 끝에 서 있을까?
누구도 대신할 수 없는 순간,
나의 결정이 나를 이끄네.
비록 후회할지라도,
그 선택은 나의 것이기에
그 안에 담긴 모든 책임을
온전히 내가 지고 가야만 하리.
꽃 길이든 가시밭길이든
그 끝에서 피어날 나의 모습,
선택의 무게를 견디며
책임 속에서 다시 일어날 나.

시와 어울리는 음악을
감상하시려면?
아래 QR코드를 찍어보세요!

시간은 나에 스승

내 인생의 스승은 시간이다
끝없이 흘러가는 그저 물음
한순간 한 순간 속에서
내게 교훈을 안겨준다.
어떤 때는 무자비하게
내 손을 빼앗아 가기도 하지만
어떤 때는 부드럽게
내 맘을 가르쳐준다.
시간은 또한 친절하게도
행복을 안겨주고도 한다
한없이 펼쳐진 하늘처럼
내가 가질 수 있는 모든 것을.
변화의 흐름
내 인생의 스승은 시간이다
변화의 흐름을 알려주는
물결 같은 존재다.
어느 날은 성장의 아픔으로
어느 날은 성취의 기쁨으로
나를 바꾸어 놓는다.
때로는 불안의 바다로
나를 던지기도 하지만

언제나 새로운 땅으로
나를 인도해준다.
추억의 색깔
내 인생의 스승은 시간이다
추억의 색깔을 그리는
마법 같은 존재다.
어린 날의 환희와
성인의 깊은 눈물을
모두 함께 간직하게 한다.
잊힐 수 없는 그 순간들을
나에게 선물로 주며
나를 완성해간다.
사랑의 성숙
내 인생의 스승은 시간이다
사랑의 성숙을 가르쳐주는
절대적인 존재다.
처음의 설 레임이
마음에 홀린 순간부터
그 진실된 뜻을 알게 한다.
상처의 뒤엔 치유의 힘이
있음을 가르쳐주며

나를 강하게 만든다.

감사의 품격

내 인생의 스승은 시간이다

감사의 품격을 알려주는

존경받는 존재다.

한때 내 곁을 떠나간 그때

언제나 나를 위해, 기다려 주었던 그 시간을

내가 무얼 할 수 있을까?

시와 어울리는 음악을
감상하시려면?
아래 QR코드를 찍어보세요!

시간의 여백

하루가 흘러가고,
순간이 지나가며,
시간 속엔 언제나 여백이 있습니다.
바쁜 일상 속에서도,
조용히 흐르는 침묵 속에서도,
그 여백은 우리 곁에 머무릅니다.
하얀 종이 위에
한 줄의 글이 적히듯,
우리 삶에도 틈새가 생깁니다.
그 틈새 속에,
우리는 숨을 고르고, 생각을 멈추며,
잠시 머물러 봅니다.
시계의 초침이 멈추는 순간,
바람의 속삭임이 들리는 순간, 그 시간의 여백 속에서,
우리는 자신을 만납니다.
시간의 여백,
그곳엔 우리가 미처 보지 못한
삶의 아름다움이 숨어 있습니다.
아픈 마음 달래기
무거운 하늘 아래,
내 마음은 슬픔의 구름을 안고 있다.

바람이 쓸어가는 데도

마음의 아픔은 그대로 남아 있다.

하지만 나는 나 자신을 위로하며,

작은 희망의 빛을 찾아간다.

마음의 상처를 부드럽게 감싸고, 얼어붙은 감정을 녹이려 노력한다.

가슴 깊숙이 피어나는 조용한 위안의 말씀과 함께,

나는 내 마음을 달래어간다.

아픈 마음을 달래기 위해,

나는 그저 그림자가 아닌, 진정한 희망의 빛을 찾아간다.

그리고 나서는 더 많은 사랑과 이해를 향해

나의 삶을 계속해 나가리라.

시와 어울리는 음악을
감상하시려면?
아래 QR코드를 찍어보세요!

언행 (言行)

삶 속에서
우리는 많은 인연을 만나고 헤어지며,
다양한 인간관계 속에서 언행을 통해 기쁨과 슬픔,
친교와 보람, 사랑을 경험합니다.
그러나 동시에, 우리의 작은 말 한 마디가 상대에게 큰 상처를 줄 수도 있다는 사실을 겸허히 받아들여야 합니다.
많은 사람들이 자신의 생각대로 말하고 행동하지만,
상대의 심리를 깊이 배려하며 말과 표현,
행동을 조절하는 것은 쉽지 않은 일입니다.
옛 선비들이 침착하고
묵묵히 하는 이유는 단지 교양이나 겸손 때문만은 아닙니다.
그들은 말과 표현,
행동이 얼마나 어려운 것인지를 잘 알고 있었기 때문입니다.
사소한 말 한 마디라도
자신의 언행이 상대에게 아픔이 될 수 있음을
신중히 여김으로써,
그들은 매우 신중하게 대우했습니다.
우리는 말을 할 때에는
상황과 상대를 충분히 고려해야 합니다.
때로는 말을 하지 않는 것이 더 나은 선택일 수도 있고,
먼저 할 말과

나중에 할 말을 분별하는 지혜도 필요합니다.
또한, 지금은 아니라 면서도
내일은 할 말이 있는 경우도 있습니다.
나의 작은 한 마디,
작은 표현, 작은 행동 하나가
상대에게 큰 아픔을 줄 수 있음을 잊지 말아야 합니다.
우리는 항상 상대를 배려하고, 사랑과 이해로서 언행의 중요성을 깨달으며
살아가야 합니다.

시와 어울리는 음악을
감상하시려면?
아래 QR코드를 찍어보세요!

천년의 집

쉬지 않고 30년을 꾸며가는 정원

천년의 집

이름을 담아

꽃들이 피고 어우러지는 곳

아침이 밝아와도

낮이 가고 저녁이 찾아와도

여기서는 시간이 멈춰 있어 쉬지 않고 꾸며가는 집과 정원

하늘이 높고 땅이 넓은 곳

나무들이 속삭이며 말을 나누는 곳, 바람이 불어도

비가 내리고 번개가 치더라도

여기서는 안식을 찾을 수 있어

쉬지 않고 꾸며가는 집

남들은 말한다

언제 준공이냐고

천년의 집

그 이름을 담아, 나의 마음도 영원히 기억될 곳이다

시와 어울리는 음악을
감상하시려면?
아래 QR코드를 찍어보세요!

나에 영원한 은인

용인 총재님과 함께한 40년의 사랑을
이제 세상 앞에 펼쳐보려 한다.
당신의 지혜와 사랑은
우리의 마음을 깊이 간직하고 있다.
40년을 함께한 그 세월 속에서,
당신은 우리에게 늘 격려와 지지를 주셨다.
당신의 따스한 미소와 항상 부드러운 말 한마디는
우리의 삶에 영원히 남아 있을 것이다.
이제 우리는 그 용인 총재님의 사랑을 이어가며, 그의 흔적을 계속해서 따라갈
것이다.
당신의 인도와 가르침은 우리의 길잡이이자, 빛이다.
40년이 넘는 세월 속에서도
당신은 항상 우리 곁에 있으며, 당신의 사랑은 우리를 이끌어줄 것이다.
용인 총재님과 함께한 지난 40년의 사랑을 이제 우리는 감사하며 기억한다.

시와 어울리는 음악을
감상하시려면?
아래 QR코드를 찍어보세요!

천천히 살아간다는 것

바람에 흔들리는 나뭇잎을 바라보며
서두르지 않는 마음으로 자연의 리듬에 몸을 맡기는 일.
햇살이 땅을 따스하게 어루만질 때
그 온기를 느낄 줄 아는 것,
빗방울이 창을 두드릴 때
잠시 멈춰 그 소리를 듣는 것.
서둘러 가지 않아도 충분한
그 길 위에서 한 걸음씩, 느린 발걸음에 숨을 고르며
지나치는 풍경을 눈에 담는 것.
바쁘게 흘러가는 세상 속에서
나만의 속도로 살아가는 용기,
천천히 살아간다는 것은
시간의 소중함을 배우는 일.
순간의 숨결을 느끼며
오늘을 더 깊이 사랑하는 것, 천천히, 그러나 확실하게
자신의 길을 걸어가는 것이다.

시와 어울리는 음악을
감상하시려면?
아래 QR코드를 찍어보세요!

청춘

나에게 청춘은 있었는가?
청춘의 발자취를 따라가며
길을 걸었던 날들을 회상한다.
어느 순간 나에게 청춘은 있었는가?
젊음의 꽃은 간절했고,
꿈과 열정으로 가득 차 있었다.
하지만 현실은 때로 거칠고,
꿈은 시련에 부딪히며 흔들렸다.
청춘은 무엇이었는가?
불타오르는 열정과 함께
우리는 세상을 변화시키려 했다.
그리고 나는 지금 여기,
잠시 멈추어 지나간 길을 돌아본다.
청춘의 기억은 아직도 남아 있고,
그 속에서 나의 진심이 흔들린다.

시와 어울리는 음악을
감상하시려면?
아래 QR코드를 찍어보세요!

무안의 텅빈 하늘

밤하늘에 빛나는 별이 되어
우리 곁을 떠난 영혼들.
그들이 남긴 미소와 추억은
우리 마음 속에 영원히 빛나리.
하늘은 너무도 잔인했고,
대지는 그들을 지켜주지 못했네.
슬픔에 잠긴 유가족의 눈물은, 다보다 깊고 하늘보다 넓다
너무나 아프고
우리의 가슴은 도의 손길로 작은 위로를 건넨다.
181개의 별이 되어
우리를 지켜볼 그대들.
평화의 하늘 아래 안식하며
영원히 빛나소서.

시와 어울리는 음악을
감상하시려면?
아래 QR코드를 찍어보세요!

잃어버린 뿌리를 찾아서

해외로 보내진 운명의 아이들,
본인의 선택이 아닌 나라의 뜻에 따라
먼 길을 떠난 너희들.
정체성의 그림자가 길게 드리운 채,
잃어버린 뿌리를 향한 묵묵한 갈망 속에
너희 마음은 조용히 외치고 있었다.

한국이라는 고향의 문을 두드리며,
자신을 낳아준 부모의 얼굴을 꿈꾸던 너희에게
나는 문화의 향기와 전통의 이야기를 전해주었다.
친구가 되어, 때로는 따스한 부모가 되어
서로의 상처를 어루만지며,
잊혀진 기억의 파편들을 하나하나 맞추어갔다.

서울의 고요한 골목, 산과 들의 숨결 속에서
우리의 이야기는 한 줄기 빛처럼 피어났고,
한국의 부모 찾기에 함께 실천하며
잃어버린 시간 속에 새 생명을 불어넣었다.
그 과정 속에서, 나는
너희와 함께 진실된 사랑과 가족의 의미를 배우며,
더 깊은 다짐을 품게 되었다.

오늘도 우리는 서로의 마음을 나누며
고향의 노래를 다시 부른다.
국가의 뜻에 이끌려 떠난 그날의 슬픔이
이제는 서로를 잇는 따스한 다리로 남아,
우리 모두가 잃어버린 뿌리를 찾아
서로의 존재 속에서 완전해져 간다.

시와 어울리는 음악을
감상하시려면?
아래 QR코드를 찍어보세요!

휴대폰이 없는 세상

손끝의 작은 창이 사라진 세상,
눈과 눈이 마주치는 순간이 늘고
말 한마디에 마음을 전하는
아날로그의 시간이 다시 흐른다.
손편지에 담긴 글씨의 떨림,
기다림의 설렘이 오랜만에 찾아오고
순간의 정보 대신 깊은 대화가
길게 이어지는 저녁이 온다.
손끝으로 스치는 화면 대신
손잡고 걷는 길의 온기를 느끼고,
사진보다 기억 속에 새겨진
풍경이 더욱 선명하게 빛난다.
서로의 목소리에 귀를 기울이며
침묵 속의 공감이 깊어지는 곳,
휴대폰이 없는 세상은
더 느리지만 더 진한 세상.
빠르게 지나가는 시간 속에서도
한 순간의 소중함을 알게 되는
그리운 얼굴을 직접 마주하는
사람 냄새 가득한 세상.

시와 어울리는 음악을
감상하시려면?
아래 QR코드를 찍어보세요!

후회로 물든 끝자락

살아온 길의 끝,
발걸음은 멈췄건만
마음은 아직도 뒤돌아본다.
놓친 말들,
지키지 못한 약속들,
차마 하지 못했던 모자람의 고백들.
모두가 내 안에
무겁게 내려앉아
날 부른다,
"왜 그때는 몰랐느냐고."
흘러간 시간은
손바닥의 모래처럼
잡으려 할수록 빠져나가고,
눈앞의 빛도
흐릿하게 젖어 든다.
그러나,
후회속에 삶의 그림자일 뿐,
그 어둠 속에서도
빛은 숨어 있음을.
지금이라도 두 손 모아
내려놓는다.

후회를 품고,

다시 배운다.

남은 길엔,

비록 짧더라도

후회를 덜어내는 용기를.

시와 어울리는 음악을
감상하시려면?
아래 QR코드를 찍어보세요!

혼돈 속의 외침, 다시 서는 나라

법의 등불이 꺼진 가슴 저미는 어둠 속,
긴급함은 외면되고
바람에 흩날리는 잿빛 낙엽처럼
질서는 허무하게 사라진다.
12.3계엄, 내란의 그림자 아래
대통령의 비겁한 손길은
국민의 상처를 더욱 깊이 파고들 뿐.

무겁다던 선택의 책임을 내팽개친 채,
이 땅의 자존을 짓밟고
희망의 문을 굳게 닫은 자들.
특검의 빛을 피해 허둥대며
어둠 속에 감추려 애쓰지만
진실은 이미 작은 틈새로 스며들고 있다.

정의의 길목을 막으려
헌법의 무게를 부정하고,
재판관의 빈자리를 방치하여
법의 눈을 가리려 해도
거짓된 권력의 벽은 스스로 균열을 만들며
시간의 강 앞에 서서히 무너질 운명.

국민의 눈은 이미 깨어났고,
침묵을 찢는 분노의 함성은
오늘도 하늘을 울린다.
무너진 국격의 상처 위에
정의의 새싹이 움트길 바라는 기도,
함께 흘리는 눈물이
진실의 씨앗을 적시고 있다.

밤이 깊어갈수록
새벽은 더욱 선명히 다가오리라.
불의가 영원히 머무는 곳은 없기에,
계엄의 어둠은 마침내 역사의 뒤안길로 사라지고
법이 숨 쉬는 세상이 눈앞에 펼쳐지리라.
그날을 향해,
우리는 흔들리지 않는 발걸음으로
이 땅을 어루만지며,
다시 서는 나라를 위해 함께 나아간다.

시와 어울리는 음악을
감상하시려면?
아래 QR코드를 찍어보세요!

안 촌 댁

나주에서 꽃처럼 피던 소녀,
열 여섯, 낯선 마을로 시집온 어머니.
칠 남매를 품고,
먼저 떠나간 두 딸의 빈자리 위에
눈물 대신 미소를 얹으셨네.

안촌댁이라 불리던 이름,
그 속엔 강인함과 온기가 스며 있었고,
제사 때면, 아버지 생신이면,
크고 작은 일마다
이웃을 불러 함께 나누시던 손길.

품 넓은 어머니의 사랑이
마을 곳곳에 배어 있네.

시와 어울리는 음악을
감상하시려면?
아래 QR코드를 찍어보세요!

법정스님의 향기

적막한 숲길을 따라 걷다 보면
한 송이 들꽃이 가르쳐 주네.
가진 것 없이도 향기롭고,
머물지 않아도 아름답다고.

법당이 아닌 자연 속에서,
글이 아닌 침묵 속에서,
그는 소리 없이 가르쳤네.
비워야 채워지고, 놓아야 자유롭다고.

세상은 욕망으로 가득 찼으나
그는 바람처럼 가벼웠고,
모든 것을 버렸으나
오히려 모든 것을 품었네.

그가 남긴 것은 금빛 불상도,
화려한 교리도 아닌,
단 한 줄의 말씀—
"무소유, 그것이 곧 충만이다."

시와 어울리는 음악을
감상하시려면?
아래 QR코드를 찍어보세요!

네루의 길

긴 밤을 걸어온 사나이,
조국의 아침을 꿈꾸며
어둠 속에서도 별을 놓지 않았네.

감옥의 벽이 막아도
사상의 강물은 멈추지 않았고,
철창 너머 바람 속에
자유의 불씨를 키웠네.

민중의 목소리로 피어난 글,
그 한 줄 한 줄에 스며든
고통과 희망, 투쟁과 사랑.

조국이란 단어 앞에서
그는 한낱 개인이 아니었고,
인도의 숨결 속에
그의 영혼은 강처럼 흘렀다.

이제 그의 길 위에 남은 것은
새로운 세대의 발자국,
그가 품었던 꿈처럼
더 나은 내일을 향해 나아가리라.

시와 어울리는 음악을
감상하시려면?
아래 QR코드를 찍어보세요!

산중기생

깊은 산, 안개 스미는 고요한 절벽 끝
홀로 핀 들꽃 같은 이여.

속세를 등졌으나 속세를 감싸 안고
바람 따라 흐르는 강물처럼 공평하네.

말은 이슬 같고, 행동은 달빛 같으며
표현은 숲 속 종소리처럼 조용히 스며든다.

기울지 않는 별빛 아래,
모두에게 같은 온도로 빛나는 마음.

떠도는 바람도, 흐르는 구름도
그대를 지나가지만, 그대는 늘 그 자리.

시와 어울리는 음악을
감상하시려면?
아래 QR코드를 찍어보세요!

내 인생의 마지막 길

칠십을 넘어,
한 치 앞도 예측하기 힘든 몸으로
나는 이 마지막 길을
처절하게 마주한다.

짙은 어둠 속에서
피할 수 없는 종말의 그림자가
차갑게 뻗쳐온다.

준비된 자의 담담함은
내게 허락되지 않았다.
날카로운 후회가
가슴을 할퀴고,
한숨처럼 쏟아지는 눈물은
이미 돌이킬 수 없는 시간의 무게를
더욱 선명하게 짓누른다.

나뭇가지 끝에 매달린
마른 잎처럼 흔들리며,
붙잡을 것도 없이
텅 빈 허공을 움켜쥐려 애쓰지만
손끝에 감도는 것은
겨우 스쳐 가는 바람뿐.
미처 다 채우지 못한 약속들이
귓가에 울려 퍼진다.

누군가는 미리 예비한 죽음 앞에
차분히 눈을 감는다지만,
나는 두려움에 발버둥 치며
뒤늦게서야 삶을 돌아본다.
바람처럼 스쳐간 날들,
부질없는 미련에 몸부림치다
고요한 새벽에야
마지막 기도를 내뱉는다.

결국,
죽음은 우리 모두에게
불가항력의 문턱.
흔들리는 내 숨결 위로
어느새 서리가 내려앉고,
피할 수 없는 그 부름에
나는 무릎을 꿇는다.
그러나
이 처절한 마감조차
내가 살아온 모든 순간의 증거이리라.

시와 어울리는 음악을
감상하시려면?
아래 QR코드를 찍어보세요!